# inteligência que vende

**A ROTA DAS ESTRATÉGIAS COMERCIAIS EXPONENCIAIS**

Editora Appris Ltda.
1.ª Edição - Copyright© 2025 do autor
Direitos de Edição Reservados à Editora Appris Ltda.

Nenhuma parte desta obra poderá ser utilizada indevidamente, sem estar de acordo com a Lei nº 9.610/98. Se incorreções forem encontradas, serão de exclusiva responsabilidade de seus organizadores. Foi realizado o Depósito Legal na Fundação Biblioteca Nacional, de acordo com as Leis nos 10.994, de 14/12/2004, e 12.192, de 14/01/2010.

Catalogação na Fonte
Elaborado por: Josefina A. S. Guedes
Bibliotecária CRB 9/870

| | |
|---|---|
| R484i<br>2025 | Ribeiro, André<br>Inteligência que vende: a rota das estratégias comerciais exponenciais / André Ribeiro – 1. ed. – Curitiba: Appris, 2025.<br>191 p. ; 21 cm.<br><br>Inclui referências.<br>ISBN 978-65-250-7675-1<br><br>1. Vendas – Administração. 2. Vendas – Planejamento estratégico. 3. Sucesso nos negócios. 4. Criatividade nos negócios. 5. Empreendedorismo. I. Título.<br><br>CDD – 658.85 |

Livro de acordo com a normalização técnica da ABNT

# Appris editorial

Editora e Livraria Appris Ltda.
Av. Manoel Ribas, 2265 – Mercês
Curitiba/PR – CEP: 80810-002
Tel. (41) 3156 - 4731
www.editoraappris.com.br

Printed in Brazil
Impresso no Brasil

André Ribeiro

# Inteligência que vende
### A rota das estratégias comerciais exponenciais

artêra
editorial

Curitiba, PR
2025

## FICHA TÉCNICA

| | |
|---|---|
| EDITORIAL | Augusto V. de A. Coelho |
| | Sara C. de Andrade Coelho |
| COMITÊ EDITORIAL | Ana El Achkar (Universo/RJ) |
| | Andréa Barbosa Gouveia (UFPR) |
| | Jacques de Lima Ferreira (UNOESC) |
| | Marília Andrade Torales Campos (UFPR) |
| | Patrícia L. Torres (PUCPR) |
| | Roberta Ecleide Kelly (NEPE) |
| | Toni Reis (UP) |
| CONSULTORES | Luiz Carlos Oliveira |
| | Maria Tereza R. Pahl |
| | Marli C. de Andrade |
| SUPERVISORA EDITORIAL | Renata C. Lopes |
| PRODUÇÃO EDITORIAL | Sabrina Costa |
| REVISÃO | Marcela Vidal Machado |
| DIAGRAMAÇÃO | Bruno Ferreira Nascimento |
| CAPA | Eneo Lage |
| REVISÃO DE PROVA | Jibril Keddeh |

# agradecimentos

A Deus;

À minha família;

Aos meus amigos;

Aos meus colegas, muitos dos quais se tornaram amigos, em todos os projetos profissionais de que participei;

A todas as empresas que me deram oportunidade de me desenvolver e crescer como pessoa e profissional...

MUITA GRATIDÃO!

# prefácio

Se há alguém verdadeiramente qualificado para escrever um livro sobre vendas, essa pessoa é André Ribeiro. André não apenas aprecia o mundo das vendas — isso é evidente em sua abordagem cuidadosa com os clientes e em sua atenção a cada entrega —, mas vai além. Ele é um estudioso e, mais do que isso, possui uma experiência vasta e comprovada no que diz.

André já percorreu grandes corporações no Brasil e nos Estados Unidos, trabalhando em empresas de segmentos variados como indústria, tecnologia, varejo e educação. Essa trajetória permitiu a ele construir uma metodologia de vendas sólida e compreender como aplicá-la em diferentes contextos corporativos.

Desde que André Ribeiro ingressou em nossa empresa, o negócio foi transformado de maneira significativa. Quando ele chegou, assumiu o desafio de estruturar a startup, que operava sem processos definidos. André não apenas desenvolveu todo o processo comercial, mas também desempenhou um papel fundamental na implementação do Customer Success (CS).

Nunca tivemos tanto cuidado estratégico com os clientes, nem tantos dados para analisar vendas futuras e garantir engajamento conosco. A preocupação de André vai além da comissão. Ele se dedica à entrega e à próxima venda para cada cliente. Uma característica intrínseca ao seu perfil é que ele não é vaidoso em relação ao processo em si, mas sim com os resultados. André quer ver clientes felizes e retornando para novas compras.

No entanto, o diferencial de André não está apenas em seu conhecimento ou experiência. Ele é, acima de tudo, um apaixonado por vendas. Essa paixão não se revela somente quando ele aborda um cliente ou faz uma prospecção. É algo perceptível na convivência diária. André é um mestre em relacionamentos, alguém agradável, que constrói grandes conexões entre as pessoas, sempre agindo com real generosidade.

Em várias ocasiões, quando eu já havia desistido de algum cliente, André interveio, revertendo a situação e convencendo-nos da importância de manter o relacionamento. Ele é verdadeiramente um gigante nesse processo.

O livro *Inteligência que vende* é muito mais do que um manual de vendas. É, de fato, um livro sobre inteligência em vendas, algo muito diferente. Sinceramente falando, qualquer um sabe vender, qualquer um consegue vender qualquer coisa. Mas vender com qualidade, construindo relacionamento e o mais importante: com visão de médio e longo prazo, pensando na sustentabilidade do negócio e na construção do relacionamento que você deseja ter com aquele cliente, é para poucos.

Nossa empresa hoje consegue manter clientes de longo prazo que nos recontratam e eu tenho certeza de que isso não se deve apenas à qualidade operacional do nosso trabalho ou à excelência da entrega, mas também à competência no processo de vendas. Eu me refiro a entender de verdade o que o cliente deseja, construir uma proposta efetivamente personalizada que converse com as dores daquele cliente e o mais importante: acompanhar todo o processo de entrega.

Quando você consegue isso, não está apenas fazendo uma venda; está construindo um processo de vendas extremamente poderoso. Enquanto muitas empresas se limitam a focar exclusivamente no resultado, vendendo de qualquer jeito, a qualquer custo, diminuindo preços, massacrando o mercado e destruindo o time, André vem com uma abordagem diferente. Ele propõe o desempenho como valor central, tendo o relacionamento e o entendimento do cliente como fatores primordiais. E mais do que isso, ele aplica a inteligência humana no negócio, mesmo com o uso de todas as ferramentas de inteligência artificial disponíveis.

Nada substitui a inteligência humana no negócio, o relacionamento, a ética, a empatia e, acima de tudo, a visão e a preocupação com o negócio do cliente, entregando algo que realmente impulsione seus próprios resultados. Portanto, o livro do André é para quem trabalha com vendas e para todos que desejam ampliar sua percepção e inteligência em negócios. E ninguém melhor do que André Ribeiro para fazer isso, porque é um exemplo no campo profissional, além de externar essas qualidades em todos os momentos nos quais temos a oportunidade de nos relacionar.

Não há quem não goste do André — é impossível! Ele é uma pessoa divertida e agradável e demonstra um profissionalismo, uma confiança, uma capacidade e, mais do que isso, uma generosidade que raramente se encontra. E não é uma generosidade estratégica, aquela em que a pessoa age esperando colher frutos. A generosidade do André é genuína, tem a ver com acreditar no outro. E quando ele aposta no outro, faz com que as pessoas apostem nele também. É isso que ele faz nas vendas e é isso que ele faz na vida.

E essa generosidade transbordou em forma de livro, pois a sua trajetória, experiência e metodologia precisam chegar a mais e mais pessoas que desejam potencializar as suas carreiras e negócios por meio de uma venda inteligente.

Estou muito honrado de escrever este prefácio, muito honrado em contribuir para esta obra do André. Eu tenho certeza de que será o seu livro de cabeceira e o levará para o próximo nível profissional e pessoal.

**Alê Prates**

Educador executivo, apaixonado por engajamento, liderança e resultados. Após sua atuação como executivo do sistema de franchising, fundou a Futurize, empresa especializada em educação corporativa. Autor de três livros, entre eles seu último lançamento, *Não negocie com a preguiça: a conquista do engajamento para o pleno desempenho*, pela editora Best Seller. Nos últimos 16 anos, desenvolveu mais de 10 mil líderes em 300 empresas

# sumário

introdução
**POR NEGÓCIOS MAIS PROMISSORES E EFICAZES** — 13

capítulo 1
**A ÁREA COMERCIAL MODERNA** — 27

capítulo 2
**O QUE É INTELIGÊNCIA COMERCIAL PARA RESULTADOS?** — 55

capítulo 3
**A EXECUÇÃO DA INTELIGÊNCIA COMERCIAL** — 89

capítulo 4
**CRIANDO O SEU DEPARTAMENTO COMERCIAL INTELIGENTE** — 119

capítulo 5
**SEJA UM VENDEDOR DESEJADO PELO MERCADO** — 139

capítulo 6
**BOAS PRÁTICAS E HISTÓRIAS DE SUCESSO** — 169

considerações finais
**FAÇA O MELHOR PELA SUA CARREIRA E PARA O SEU NEGÓCIO** — 185

**REFERÊNCIAS** — 189

# INTRODUÇÃO

# Por negócios mais promissores e eficazes

O oceano também exerce fascínio sobre você?

Eu confesso que gosto muito do mar, tanto que vivi perto dele boa parte da vida. Inclusive durante a escrita deste livro, morando em Natal, no Rio Grande do Norte. A capital potiguar tem praias de uma beleza invejável. São cerca de 25 quilômetros de uma costa que tira o fôlego.

Nesse cenário, alguns dos grandes atrativos para o intenso fluxo de turistas são os muitos restaurantes especializados em frutos do mar, especialmente nos pratos preparados com camarão. E agora posso deduzir que você esteja se perguntando:

— Este não é um livro sobre negócios e vendas? O que esses assuntos têm a ver com camarão, André?

Calma que você vai entender aonde estou querendo chegar.

A vida marinha exige do camarão conhecimento profundo sobre o ambiente em que vive e, mais que isso, muita habilidade em termos de adaptação às marés. Caso contrário, esses animais serão simplesmente levados pelas ondas.

Entendeu agora a expressão "camarão que dorme a onda leva?". Logo mais, voltaremos a conversar sobre ela por aqui.

O fato é que no oceano dos negócios e das vendas, na minha jornada trabalhando nessas áreas e acompanhando empresas e executivos, vejo muita gente que ainda está simplesmente se deixando levar. Mesmo com amplo acesso à tecnologia e à informação, surpreende-me a quantidade de departamentos comerciais que continuam se portando como camarões que dormem. Não há direção. Não há estratégia. Não há inteligência. Não há resultado.

O problema é que, diante de um cenário global com extrema competitividade, chega o momento em que pouco ou nada pode ser feito. E aí sobram perguntas sem respostas.

– "Como isto aconteceu?"

– "Por que não vi isto antes?"

– "O que fazer agora?"

Caso esse seja o exato momento que você está passando, antes de mais nada, preciso dizer que há uma rota de solução. E ela parte do conceito de inteligência comercial, meticulosamente explorado nas próximas páginas. Este livro, por sinal, nasceu da minha inquietação pelo encontro de respostas para essas perguntas.

# Não pode mais ser assim!

Minha trajetória profissional sempre esteve muito próxima das vendas. Eu sempre fui bastante apaixonado por essa área, apesar do preconceito que costuma estar associado a ela. O vendedor costuma ser tratado como "o cara chato que vem nos 'empurrar' algo". Que engano! Afinal, não há negócio que sobreviva sem vender.

O fato é que, ao mergulhar nesse oceano das vendas, de estagiário a executivo, inclusive nos Estados Unidos, em gigantes como a Disney e a Puma, entendi que a maioria dos departamentos comerciais sofre por conta da falta de estratégia e adaptabilidade. E isso me faz chegar ao conceito de inteligência que vende.

É a minha contribuição para o mundo corporativo. Seria injusto ter aprendido tanto com tudo que vivi e manter isso guardado comigo.

QUADRO 1 – PRESTE ATENÇÃO

---

# + preste atenção!

Você tem em mãos uma metodologia que poderá aplicar, passo a passo, de inteligência comercial. É uma engrenagem que eu desenvolvi aliando minha paixão por vendas e estratégias, que venho aplicando, na prática, com resultados exponenciais.

É o que aplico, inclusive, no meu negócio: a Futurize, um inovador hub de soluções em educação corporativa que está se destacando no mercado. Estou entregando o meu melhor para você que:

- é empreendedor e vê seu negócio estagnado;
- tem vendido seus produtos e serviços sem uma estratégia clara e entrega de valor bem definida;
- sente que seu negócio pode crescer e faturar mais, mas não sabe como fazer isso;
- nota que o departamento comercial da empresa que você fundou ou gerencia não tem direção, nem inteligência;
- quer ser um gestor comercial ou vendedor que se destaca e tem alto valor para o mercado;
- ·já percebeu que, não se adaptando à tecnologia, com a aplicação de ações comerciais eficientes, está num negócio que dificilmente alcançará o próximo nível dos resultados.

---

FONTE: O AUTOR

# ▶ o caminho que vamos percorrer!

Para isso, preparei um mapa, uma rota que permite dominar os conceitos e fundamentos e ir além deles. Você vai saber como fazer isso acontecer, de fato, e conferir os excelentes resultados colhidos por quem está levando a sério a inteligência que vende. Confira o que trazem as próximas páginas!

- **O Capítulo 1, sobre a área comercial moderna,** tem foco no futuro da área comercial. É o momento de romper com a visão comercial tradicional que, apesar de arcaica, infelizmente ainda é muito utilizada pela maioria das empresas brasileiras.

- Talvez você se dê conta de que ainda vive no passado! Mas não se assuste e acredite. É muito melhor para você, sua carreira ou negócio, se você tiver esse choque de realidade já no primeiro capítulo.

- **No Capítulo 2, você saberá o que é inteligência comercial para resultados e as consequências de não a aplicar na sua empresa.** Trago dados confiáveis e sólidos e falo sobre o jeito Disney de vender. São bases para o entendimento sobre como desenvolver a cultura comercial inteligente, a partir de um tripé aplicável aos mais diferentes negócios e que exponencializa resultados.

- **O Capítulo 3 é mão na massa. Falo sobre como executar a estratégia comercial inteligente.** Uma vez que você já se familiarizou com as bases da inteligência comercial no capítulo anterior, vamos falar da estratégia por trás dessa inteligência e como fazê-la rodar. E aí entram em cena conceitos como funil e ampulheta de vendas, gestão de relacionamento com o cliente (CRM), inteligência de dados, elementos de gestão e diversificação de canais.

- **Como passo seguinte, o Capítulo 4 trata da estruturação do departamento comercial inteligente.** É a hora de saber como criar uma área comercial com segmentação correta e integrada, para o alcance dos objetivos e metas de qualquer negócio.

- Exploro também as razões pelas quais o foco de uma empresa deve estar voltado ao seu cliente e não a si mesma. Uma visão ainda bastante distante da realidade corporativa brasileira. Nesse sentido, o conceito de Customer Success surge como fator primordial.

- Ao final deste capítulo, no mínimo, você já terá desenhado o seu departamento comercial inteligente, moderno, eficaz e possível, bem como terá preparo para gerenciá-lo.

- **No Capítulo 5, o assunto é o profissional que faz as vendas acontecerem. Você vai saber como é o vendedor desejado pelo mercado atual.** Falo sobre as características do novo vendedor e aponto caminhos para desenvolvê-las, inclusive com a ajuda da inteligência artificial – um tema que vem preocupando muitos profissionais.

- **Para fechar a metodologia com chave de ouro, um Capítulo 6 para lá de inovador. Um conjunto de entrevistas no formato videocast, que você acessa via QR Code.** Em cada conversa, uma história de sucesso envolvendo a aplicação dos princípios de inteligência comercial. A leitura dos QR Codes presentes no livro conduz direto às entrevistas completas.

É um roteiro pensado com muito carinho para que você faça da inteligência de venda uma aliada do seu negócio, do departamento comercial que você gerencia ou do seu trabalho profissional. Eu tenho visto muito crescimento exponencial acontecendo a partir dessas bases e quero isso para você também.

Vamos comigo? Estou esperando por você nas próximas páginas!

## Experiências diversas gerando uma metodologia inovadora

Resgatar a própria história é uma das experiências ricas que faz parte de escrever um livro. E não é que, nesse processo, me dei conta de que minha conexão com vendas, a paixão que nutro pelo assunto, é bem anterior ao momento em que eu passei a efetivamente trabalhar nessa área?

Tudo começa na minha vida intrauterina. É isso mesmo. Sou filho de uma vendedora e um médico radiologista empreendedor. Ou seja, é pensamento comercial e empreendedor na veia. Diga-se de passagem que meu pai e meus tios até tentaram, em vão, me levar para a Medicina. As vendas acabaram falando mais alto.

Nesse caminho, minha mãe foi uma grande inspiração para mim. Apesar de ter se formado em Artes Plásticas, eu a via, desde bem criança, vendendo joias de uma marca que ela representava. Era uma vendedora nata e apaixonada. Não sem motivo, eu acabei sendo aprovado no vestibular para o curso de Publicidade e Propaganda. Uma escolha para a qual também contou a influência da minha irmã mais velha, que trabalhava na área de marketing.

Lembro como se fosse hoje que, naquela época, ela trabalhou na campanha da Brahma, quando o jogador de futebol Ronaldo Fenômeno havia sido contratado para fazer uma sequência de comerciais com o apelo "a número 1". E minha irmã me levou para o set de gravação. Aquilo foi o máximo. Eu falei: "Quero trabalhar com isso!".

Entretanto, ainda sentia o chamado das vendas e acabei começando a trabalhar nessa área. Minha mãe foi a primeira professora que tive, compartilhando comigo suas estratégias e os desafios de ser vendedor. Sempre interessado nas lições que ela me ensinava e observando a forma como trabalhava, eu notei que havia algo a aprimorar na operação dela. Faltavam organização e processos. A inteligência comercial já estava me chamando.

## ▶ vender vai além da mera inclinação

Ou seja, em casa e já em início de carreira, eu tive a chance de perceber que a paixão por vendas não basta para alguém ser excelente vendedor. É fundamental colocar em jogo elementos de gestão.

Imagine que minha mãe mantinha as informações sobre os clientes e os negócios que fechava em uma pequena agendinha. Ali estava toda a vida profissional dela. Pois bem, certa vez, fomos todos para uma fazenda passar o fim de semana e, quando voltamos, nossa casa havia sido arrombada.

Entramos para ver o que os ladrões haviam levado e adivinhe? Tudo estava no devido lugar, exceto a comida da geladeira, a minha mochila do colégio – que deve ter sido usada para carregar a comida – e a vida profissional da minha mãe. Isso mesmo. Na segunda-feira pela manhã, quando minha mãe foi iniciar o dia de trabalho, contatar alguns clientes, nada da tal agenda.

A gente até brincou, dizendo que o tal do arrombamento podia ser armação. Quem sabe a concorrência da minha mãe tivesse encomendado o roubo da agenda e os ladrões levaram a comida e a mochila para disfarçar. O fato é que ficou provado o quanto a falta de processos e tecnologia impactou o trabalho da minha mãe, que ficou bem desanimada.

São histórias como essas que fazem da minha mãe minha principal fonte de inspiração em vendas e do meu pai no empreendedorismo. Por conta do alto custo dos equipamentos radiológicos, ele logo se associou a outros colegas e se tornou sócio de clínica, unindo medicina e gestão.

## ✛ voltando a falar sobre a minha carreira

Você lembra que mencionei ter começado a cursar Publicidade e Propaganda? Foi o impulso para uma das maiores experiências que tive na vida. No terceiro semestre da faculdade fiz intercâmbio para os Estados Unidos, com o objetivo de aprender inglês.

O programa terminou em junho e meu visto só venceria em agosto. Eu decidi aproveitar esse tempo em Nova Iorque. Fiquei hospedado na casa de uma amiga do meu pai e, para cobrir minhas despesas, trabalhei em empregos temporários. Até que alguém me sugeriu conhecer a faculdade. Foi um grande ponto de virada que mudou minha jornada profissional.

A faculdade não era tão cara e eu poderia seguir meus estudos ali, dada a fluência adquirida no inglês. Eu fazia Publicidade e Propaganda, mas nos EUA não existe esse curso. Lá, você cursa Administração e depois escolhe para qual área vai direcionar os estudos complementares. Eu escolhi gestão e marketing.

## ▶ A jornada americana

Morei sete anos nos Estados Unidos. Nos três primeiros, trabalhei em emprego temporário para poder custear meu custo de vida e a faculdade. Fui garçom, jardineiro, carpinteiro, pintor, limpador de janela, o que aparecia.

Uma realidade que mudou no final do curso superior, quando se faz um estágio vinculado à área dos estudos complementares. Eu me apliquei para ser estagiário de algumas empresas, entre elas a Disney e a HP.

Não tinha muitas esperanças de ir para a Disney, até mesmo porque a Flórida era distante. Mas, para minha surpresa, fui aceito. Foram seis meses de estágio na área de relacionamento, marketing e merchandising. Ao mesmo tempo que efetuava vendas, eu estava muito conectado com a área de marketing e posicionamento de produto.

Foi uma experiência tão valiosa que analisei a hipótese de continuar na Disney, transferindo o curso para a Flórida. Mas, ao invés de seis meses para a graduação, teria que ficar mais um ano e isso era uma opção financeiramente inviável. Então, peguei minha carta de recomendação da Disney e voltei para Nova Iorque.

E foi justamente essa carta de recomendação do meu gerente da Disney que me levou a trabalhar na Puma, outra experiência incrível. Fiz o processo seletivo e entrei como vendedor, apesar de o gerente achar que eu já estava acima do nível de vendas. Eu, que precisava trabalhar, aceitei de bom grado.

Três meses depois da contratação, o gerente recebeu uma proposta do mercado e levou consigo praticamente todo o time para outra rede de varejo. Por conta disso, eu fui convidado a assumir a supervisão da loja, com um detalhe: meus próprios colegas vendedores recomendaram a minha promoção.

Na Puma, em um ano e oito meses, cheguei ao cargo de supervisor regional — além da loja na qual eu trabalhava, ajudava na coordenação de outras lojas na região. Nesse mesmo período terminei a faculdade e já comecei minha pós-graduação em Nova Iorque mesmo.

QUADRO 2 - RESULTADOS INCRÍVEIS

## + Resultados incríveis

A Puma tinha, na época, 130 lojas nos Estados Unidos e a que estava sob a minha supervisão ocupava a posição 97 no ranking da rede. Um ano depois, com o desenvolvimento do time e de novos projetos, implementando e melhorando processos externos e internos, transformando o ambiente da loja e o atendimento, saltamos para o 4º lugar no ranking nacional.

FONTE: O AUTOR

## E SURGEM NOVOS DESAFIOS

Essa transformação era visível e eu comecei a ser assediado pelas concorrentes, entre elas Nike e Adidas, com quem conversei. A Nike não patrocinaria meu visto de trabalho e eu precisaria dele para terminar os estudos. A Adidas, sim.

E assim fui contratado para abrir uma nova operação da Adidas, também apoiando outras operações regionalmente e as maratonas que a marca patrocinava. Isso me proporcionou a chance de, em 2009, ser convidado para fazer parte do time de organização da Maratona de Boston, uma das mais importantes do país.

INTELIGÊNCIA QUE VENDE: A ROTA DAS ESTRATÉGIAS COMERCIAIS EXPONENCIAIS

Foi um evento organizado em três meses e executado em cinco dias. Um espaço de tempo em que geramos US$ 1,8 milhão em vendas de produtos licenciados na loja montada no centro de convenções de Boston. Eram 24 caixas e filas de duas a três horas para pagar, tamanha a circulação de pessoas. Foi uma experiência inesquecível.

Com mais ou menos nove meses trabalhando na Adidas, tive uma lesão jogando futebol. Desloquei a mandíbula por causa de uma cotovelada. O tratamento envolvia cirurgia e seria bem caro, além de eu não poder contar com a minha família como rede de apoio. Então decidi me cuidar no Brasil.

Três meses depois, já recuperado, voltei aos EUA e a trabalhar para a Adidas, mas tive a sensação de que as coisas haviam mudado e que eu ficaria estagnado. Em dezembro de 2009, terminei a pós-graduação em Gestão e Marketing e tomei a decisão de me mudar para a Califórnia. Cinco anos em Nova York, o clima frio e uma das irmãs – que, a esta altura, também havia se estabelecido lá – foram também incentivos para essa mudança.

Conversei com a Adidas e rescindimos o contrato de trabalho. Peguei o carro e atravessei o país, de Nova York para Los Angeles, sem garantias de que a Adidas fosse me contratar ao chegar lá. A marca tinha uma vaga em San Diego, mas eu queria ficar em Los Angeles.

Então, escrevi para a Puma, dizendo que estava na Califórnia e procurava por oportunidades. A resposta veio rápido. Eles me queriam de volta e não em Los Angeles, mas na Grande Los Angeles. É a segunda maior região metropolitana dos Estados Unidos, abrangendo cinco condados no sul da Califórnia. Eu voltei como gerente regional, gerenciando a loja de base e apoiando todas as outras 19 nos diferentes processos comerciais e operacionais.

# O RETORNO AO BRASIL

Em outubro de 2010, economicamente o Brasil estava muito bem e o meu visto estava vencendo. Eu teria que decidir entre renovar anualmente o visto de trabalho, entrar em outro curso acadêmico, me casar visando a uma aplicação futura do *green card* ou voltar para o Brasil. E escolhi a última opção.

Entrei em contato com a Puma Brasil para ver a possibilidade de transferência. Havia possibilidades. Viriam a Copa do Mundo e as Olímpiadas e a marca queria expandir a atuação por aqui. A Puma Brasil era sediada em São Paulo. Fui para lá e fizemos uma reunião na qual me explicaram o projeto.

Era a mesma empresa, mas com uma dinâmica bem diferente se comparada aos Estados Unidos. Lá eu tinha muita autonomia e o mercado era mais quente. A Puma Brasil, no entanto, era uma subsidiária da Puma Chile, que acabava tendo a palavra final. Por conta de fatores como esse, eu via pouca perspectiva de crescimento.

Paralelamente a isso, surgiu outra oportunidade. Numa ocasião em que, ainda trabalhando na Puma americana, estive no Brasil para a execução de um projeto, conheci alguns gestores brasileiros. E justamente nessa fase de avaliação da proposta da Puma Brasil voltei a ter contato com um deles. Era um executivo do grupo MPL de Goiânia – uma indústria familiar com muito potencial de crescimento – que me convidou para assumir a gerência nacional de vendas da M.POLLO, uma das marcas do grupo.

Eu percebi que, na Puma, seria só mais um executivo, enquanto no MPL eu realmente poderia fazer a diferença. Aceitei o convite e conseguimos excelentes resultados. Em quatro anos, de 2011 a 2014, crescemos 252%, batendo a meta de 25% por ano.

Além disso, meu crescimento se concretizou. Acabei assumindo o departamento de importação da empresa e não parou por aí. Em 2017, me tornei sócio da empresa, cuidando da abertura de novos canais de vendas. Já éramos fortes no atacado e na representação comercial, mas ainda faltava abrir frentes como o varejo e o *e-commerce*.

Em agosto de 2018, por divergência na visão de negócio, eu me desliguei da sociedade. A ideia era decidir a que me dedicar nos próximos cinco anos, num período sabático de 90 dias, que acabaram se tornando 45. Fiz uma viagem para o Vale do Silício, mas aos outros dois destinos planejados, Israel e China, acabei não indo.

Foi um curto período de tempo em que surgiram duas boas oportunidades. Uma para trabalhar na Amazon, em São Paulo, e outra para assumir a gerência do atual ESIG Group, em Natal, desenvolvendo a área comercial e o setor de sucesso do cliente.

Eram projetos diferentes e eu precisava orientar a decisão por meus valores. Um deles é a família. É importante para mim estar perto da minha família. Por isso, aceitei o convite da ESIG. Além da proximidade familiar, era uma virada interessante. Eu trabalharia numa empresa de tecnologia, uma área nova para mim.

Fiquei dois anos estruturando as áreas comercial e de sucesso do cliente. Saímos de 16 para 150 clientes em dois anos e até havia a promessa de sociedade e participação no grupo, mas eu sentia a necessidade de novos ares.

## E SURGE A FUTURIZE

Nessa mesma época, o Alê Prates era meu mentor de carreira. Depois de termos estreitado laços, em 2019, fiz a formação dele para ser educador executivo. Por uma dessas coincidências da vida, ele precisava de alguém para assumir a área comercial e, um ano depois, me ofereceu a chance de assumir a área de negócios corporativos.

Um pouco mais tarde, em agosto de 2022, o Alê me convidou para compor sociedade. Hoje, tenho participação no negócio que era a Escola E3 e agora se denomina Futurize. O setor comercial estava desestruturado, tinha poucos processos e um time a ser montado. Hoje temos um departamento comercial e uma área de sucesso do cliente muito bem definidos.

Digo que meu estágio atual de carreira é uma consequência de todo esse percurso. Eu consegui agregar a experiência de dois países e em segmentos diversificados. Isso me permitiu compreender as dores vividas pelo varejo, pela indústria e por empresas de tecnologia e me municiou de repertório em vendas, empreendedorismo e inovação.

É uma visão ampla que aplico na Futurize e baseia a metodologia de inteligência comercial que hoje disponibilizo para o mercado brasileiro. O melhor de cada experiência que eu vivenciei está, agora, servindo à minha empresa e ao mercado, que alcança, aplicando a visão comercial inteligente, resultados surpreendentes.

# CAPÍTULO 1

# A área comercial moderna

Você já reparou na velocidade com que o mundo está mudando? A todo momento algo se torna obsoleto – um objeto, uma profissão, um negócio, um pensamento. Estão aí o disco de vinil e a fita cassete, por exemplo, substituídos por plataformas online do tipo Spotify.

Num mundo cada dia mais tecnológico, nunca fez tanto sentido para mim a expressão "camarão que dorme a onda leva". Tudo na vida requer modernização, adaptação, reciclagem de pensamentos, ideias, ações!

Nesse movimento, a área comercial também precisa se adaptar e evoluir. E digo ainda mais. Vivemos um movimento de modernização como poucas vezes se viu na história da humanidade. Por isso, é importante começar este livro destacando os elementos que marcam a era comercial moderna.

Inclusive porque, no meu contato diário com o mundo corporativo e suas necessidades, percebo que ainda é grande a quantidade de "camarões" – e uso essa expressão no sentido metafórico, me referindo a empresários, empreendedores, gestores e colaboradores que estão sendo levados por:

- falta de percepção dos movimentos e ondas de mercado;
- incerteza sobre como agir diante da constatação de tantas mudanças.

Aprendi na Disney, na Puma e em outras empresas pelas quais passei que, quando um negócio precisa se reinventar e atingir novos patamares, a primeira coisa a mudar é a lente, a perspectiva, a mentalidade a partir da qual o empreendedor enxerga o negócio.

> É preciso sair do raso, do lugar comum, da mediocridade. Em se tratando especificamente da área de vendas, é necessário partir da mera visão de "vender mais" para a especialidade do "vender melhor".

A boa notícia é que não se trata de reinventar a roda! Estamos falando de fazer o que precisa ser feito – o básico – com qualidade e de forma diferente da maioria. Por isso, já vou convidá-lo a se desacomodar.

Está preparado?

Mesmo que você conheça de cor e salteado os conceitos e técnicas de vendas, permita-se revisitá-los por uma perspectiva diferente, mais abrangente, inclusiva e conectante. Essa é a tônica não só deste capítulo, mas também do livro no qual você está mergulhando.

## ⬆️ cuidado! sua visão de empresa pode estar defasada

Antes de abordar a modernização da área comercial propriamente dita, gostaria de expor a você alguns conceitos fundamentais que dão base a uma real compreensão sobre o que é o mundo corporativo. Vamos explorar, de forma breve, as noções de empresa, organização, corporação e negócio.

E já que estamos propostos a visitar os conceitos, nada melhor do que recorrer ao dicionário. Um dos mais respeitados, o dicionário Aurélio, na edição de 2010[1], traz as seguintes definições para os termos em questão:

- **cor.po.ra.ção** [Fr. *corporation*] *sf.* **1.** Associação de pessoas da mesma profissão ou outra atividade, sujeitas à mesma regra e com os mesmos deveres ou direitos. **2.** associação que visa um fim comum. [Pl: -ções.]

---

[1] FERREIRA. Aurélio Buarque de Holanda. **Mini Aurélio**: o dicionário da Língua Portuguesa. Curitiba: Positivo, 2010.

- **em.pre.sa**(ê)[It. *impresa*] *sf*. **1.** Empreendimento (2). **2.** *Econ.* Organização econômica destinada à produção ou venda de mercadoria ou serviços, com objetivo de lucro.

- **ne.gó.ci:o**[Lat. *negotium*] sm. **1.** V. comércio(1). **2.** Relações comerciais, negociação, transação. **3.** Caso, coisa, assunto, fato. **4.** Casa de negócio(1).

- **or.ga.ni.za.ção**[*Organizar*][...] **3.** Associação ou instituição com objetivos definidos.

— Nossa, André, em tempos de informação abundante e altamente acessível, de qualquer lugar, via internet, você está recorrendo ao dicionário? As ferramentas de inteligência artificial com certeza vão trazer definições também simples, mas bem mais atuais e interessantes.

Embora o dicionário continue sendo uma base referencial para definir qualquer terminologia, compreendo esse pensamento que pode ter passado aí pela sua cabeça, querido(a) leitor ou leitora. Por isso, decidi recorrer ao ChatGPT, uma ferramenta que não apenas "varre" o interminável universo de informações existentes na internet, mas também apresenta os resultados dessa pesquisa de forma bem sistemática.

Usei a versão gratuita e, portanto, acessível a qualquer pessoa, apresentando à ferramenta dois comandos ou *prompts*, como se diz na linguagem técnica da área de programação. Inicialmente, perguntei como os quatro termos que temos em foco poderiam ser definidos, obtendo a seguinte resposta:

- **Corporação:** uma corporação é uma entidade legal separada e distinta de seus proprietários. Ela tem seus próprios direitos e responsabilidades legais, podendo realizar negócios, ser processada e possuir propriedades em seu próprio nome.

- **Empresa:** o termo "empresa" geralmente se refere a uma entidade econômica particular que se envolve em atividades comerciais para produzir bens ou serviços. Pode ser uma única pessoa, um grupo de pessoas ou uma entidade legal.

- **Negócio:** o conceito de "negócio" é amplo e pode se referir a qualquer atividade lucrativa, com ou sem fins lucrativos, realizada para gerar receitas. Pode ser usado de forma intercambiável com "empresa" em alguns contextos.

- **Organização:** uma organização é uma entidade social estruturada, com um objetivo específico e uma série de responsabilidades, funções e interações entre seus membros. Pode ser uma empresa, uma instituição, uma entidade governamental, entre outros tipos de estruturas.

Num segundo comando, busquei aprofundar esse retorno inicial. Então, disse ao ChatGPT:

— Poderia trazer mais detalhes sobre cada conceito, especificá-los melhor?

Confira a resposta:

- **Corporação:** uma corporação é uma entidade legalmente distinta de seus acionistas. Ela é uma forma comum de organização empresarial que oferece responsabilidade limitada aos proprietários. Isso significa que os acionistas normalmente não são pessoalmente responsáveis pelas dívidas e obrigações da corporação. As corporações são governadas por um conselho de administração e emitem ações para angariar fundos.

- **Empresa:** o termo "empresa" pode se referir a uma entidade comercial de qualquer tamanho, desde pequenos negócios até grandes corporações. Uma empresa pode ser de propriedade de um único indivíduo (proprietário único), de um grupo de pessoas (sociedade) ou de acionistas (corporação). As empresas têm a finalidade de oferecer produtos e serviços no mercado com o objetivo de gerar lucro.

- **Negócio:** O conceito de "negócio" engloba todas as atividades comerciais que visam atender às necessidades do mercado e obter lucro. Pode incluir a produção de bens, a prestação de serviços, a venda de produtos, entre outros. Um negócio pode estar envolvido em diversas áreas, como finanças, marketing, operações, recursos humanos, entre outras.

- **Organização:** Uma organização é uma estrutura social formada por pessoas, recursos e processos para alcançar um objetivo comum. Pode incluir empresas, organizações sem fins lucrativos, instituições governamentais, entre outras. As organizações têm uma hierarquia de autoridade, funções e responsabilidades definidas para coordenar as atividades dos membros e atingir seus objetivos.

Analisando os conceitos trazidos pelo velho e bom dicionário e por uma ferramenta de inteligência artificial alinhada aos mais recentes avanços tecnológicos, uma coisa me chama atenção: há uma linha essencial dos conceitos que se mantém nessas diferentes pesquisas. Fica perceptível, inclusive, que os termos "corporação", "empresa", "negócio" e "organização" estão conectados, contidos, de certa forma, uns nos outros. Isso é positivo porque nos aponta para um fundamento, uma base conceitual que nos permite clareza quanto às definições.

No entanto, existe também um ponto de alerta bastante evidente. Atente-se à forma como o termo "empresa" é definido, tanto no Aurélio quanto nas respostas aos comandos fornecidos ao ChatGPT. Em ambos os casos, a noção de empresa está bastante centrada na oferta de produtos e/ou serviços e no lucro, certo?

A questão é que esse prisma está totalmente defasado e traduz um momento histórico entre a Revolução Industrial e os primórdios do século XX, em que havia escassez de concorrência, monopólio de mercado, produção em massa e maximização dos ganhos. Naquela época, o homem era uma extensão da máquina na linha de produção e o objetivo era aumentar produtividade e baixar ao máximo os custos, visando ao aumento dos lucros.

Como bem aponta o artigo publicado no portal Administradores e assinado por Paulo Han[2], esses tempos foram marcados, no que se trata de ciência da administração, por visões cujo foco era a busca por estabilidade. Daí o surgimento de abordagens como a Teoria Clássica, sistematizada por Henri Fayol[3], que tinha ênfase na estrutura organizacional.

No mesmo sentido, também surge a Administração Científica, cujo grande ícone é Frederick Taylor[4] e que tem como pilares o incremento da produtividade e da eficiência econômica. Você já assistiu ao filme de Charles Chaplin chamado *Tempos Modernos*[5]? É uma crítica humorada a esses princípios administrativos clássicos. Se não conhece, vale a pena assistir.

---

[2] HAN, Paulo. O administrador do século XXI: a sustentabilidade e as teorias de administração. **Administradores**, [s. l.], 1 out 2019. Disponível em: https://administradores.com.br/artigos/o-administrador-do-seculo-xxi-a-sustentabilidade-e-as-teorias-de-administracao. Acesso em: 12 jan. 2025.

[3] FAYOL, Henri. **Administração Industrial e Geral**. 10. ed. São Paulo: Atlas, 1990 *apud* HAN, 2019.

[4] TAYLOR, Frederick Winslow. **Princípios de Administração Científica**. São Paulo: Atlas, 2009 *apud* HAN, 2019.

[5] Versão completa do filme disponível em: https://www.youtube.com/watch?v=ZUtZ8q_vkKY.

## ⬆ Mas os teóricos não demoraram a despertar

*Tempos Modernos* foi lançado em 1936 e não à toa o cinema satirizava um sistema que tinha claras deficiências. Na década de 1940, visionários das teorias administrativas também já observavam mudanças no cenário industrial e comercial. Entre eles, Peter Drucker, considerado o pai da administração moderna, hoje denominada administração neoclássica.

Para Drucker, as empresas têm um papel social. Elas existem para satisfazer o cliente e devem gerar empregos valorizando seu capital humano, a especialidade e a individualidade de cada um. Como bem menciona um bom artigo sobre Drucker publicado no site da FIA Business School[6]: "[ ... ] Essa concepção deixou para trás a ideia de que as companhias só existem para dar lucro, a despeito de seus impactos sobre a comunidade no entorno, o meio ambiente, os empregados e suas famílias".

Outra perspectiva diferenciada trazida por Drucker foi o olhar para as empresas como ecossistemas integrados. Para ele, as organizações formam um todo, com cada departamento sendo uma parte interligada e interdependente, cujas metas colaboram com um objetivo comum. Isso torna a corporação um organismo no qual todas as partes (departamentos, áreas, cargos e funções) são vitais.

Ou seja, a abordagem neoclássica, sem dúvida, trouxe significativos avanços para a teoria administrativa. No entanto, como também sinaliza o artigo de Han que citei, diante dos

---

[6] PETER Drucker: quem é, teoria na administração, livros e frases. **FIA Business School**, [s. l.], 3 set. 2020. Disponível em: https://fia.com.br/blog/peter-drucker/#:~:text=Para%20 Drucker%2C%20a%20principal%20finalidade,miss%C3%A3o%20entregar%20valor%20 %C3%A0%20sociedade. Acesso em: 12 jan. 2025.

avanços tecnológicos e dos impactos da globalização, tanto em termos de informação quanto dos ambientes de negócios, era preciso aprofundar ainda mais o olhar sobre a relação entre as corporações e os ambientes em que se inserem. Surge, então, a Era Sistêmica da Teoria Geral da Administração, na qual também começa a ganhar protagonismo o debate em torno da responsabilidade social corporativa.

O ponto central da visão do biólogo austríaco Ludwig von Bertalanffy[7], o grande nome por trás da também chamada Teoria Geral dos Sistemas, está em reforçar que as políticas de gestão tenham por princípio fundamental a empresa como um sistema integrado, parte do contexto em que está inserido e cujos departamentos também são interdependentes e precisam atuar em sinergia, em nome de um objetivo comum.

Sob esse olhar, de nada adianta, por exemplo, você ter um excelente departamento comercial, mas um processo logístico ruim; um atendimento ótimo, sem estoque controlado; uma diversidade de canais de venda, sem capital humano que os atenda. Da mesma forma, é totalmente ineficaz um serviço de atendimento ao consumidor/cliente (SAC) que não atende quando acionado, ou que não tenta escutar, compreender e solucionar a demanda do cliente.

É como se, no corpo humano, o coração batesse adequadamente, mas os pulmões funcionassem mal, ou os rins não filtrassem corretamente o sangue, inundando as células de toxinas. E o mesmo se aplica a artérias que não estivessem fortes e íntegras o bastante para levar oxigênio ao cérebro.

Por mais recursos externos que se possa buscar para melhoria do funcionamento do corpo, nada se equipara a todos órgãos e sistemas operando de forma harmônica e conjunta,

---

[7] BERTALANFFY, Ludwig Von. **Teoria geral dos sistemas**: fundamentos, desenvolvimento e aplicações. 3. ed. Petrópolis: Vozes, 2008 *apud* HAN, 2019.

em prol de um objetivo. Um raciocínio similar se aplica a empresas, organizações e negócios. Todos os departamentos trabalhando juntos, integrados, coesos – com estratégia e objetivo bem definidos – conferem à empresa os merecidos êxito, crescimento, lucratividade, relevância de mercado e competitividade.

Só que, infelizmente, muitos empresários, gestores e empreendedores continuam cegos para essa realidade. Digo infelizmente porque esse olhar é defasado diante de um contexto altamente transformador, com elementos como intensa digitalização e novas relações de trabalho e consumo exigindo empresas que saibam ir além. O mercado anseia por organizações inovadoras.

E a melhor resposta a isso é abandonar o modelo arcaico da gestão por comando e controle, aderindo a uma gestão moderna focada no desempenho. Dessa forma, todo o capital humano tem clareza acerca de seu valor dentro da organização e domínio sobre a entrega que precisa realizar, independentemente do ambiente físico ou digital no qual se encontre.

Uma gestão moderna estabelece objetivos e indicadores de desempenho claros, com acompanhamento periódico e alinhamento estratégico interno, priorizando assertividade na entrega ao mero cumprimento de tarefas pelos colaboradores. Essa conduta permite o acompanhamento da qualidade na realização do trabalho no lugar de preocupar-se com a quantidade dessa entrega que, se for volumosa, mas de baixa qualidade, é prejudicial à empresa.

Essa é a linha conceitual presente no que Han[8] – em seu já citado artigo para o portal Administradores – chama de Era Sustentável da Teoria Geral da Administração. As empresas

---

[8] HAN, Paulo. O administrador do século XXI: a sustentabilidade e as teorias de administração. **Administradores**, [s. l.], 1 out 2019. Disponível em: https://administradores.com.br/artigos/o-administrador-do-seculo-xxi-a-sustentabilidade-e-as-teorias-de-administracao. Acesso em: 12 jan. 2025.

dos tempos atuais precisam estar estrategicamente posicionadas em suas políticas de responsabilidade socioambiental e levar ainda mais a sério a atuação integrada entre as pessoas e departamentos, com segurança e clareza da direção que guia todas as atividades e processos. O que também aponta para o necessário estabelecimento de uma cultura organizacional forte e presente na rotina de operação do negócio.

Falamos, portanto, de uma gestão que não se apenas se reconhece como sistêmica e influenciada pelo ambiente, mas está apta a compreender e se adaptar às intensas mudanças e transformações do mundo, apostando fortemente nas pessoas que fazem o negócio acontecer. Esses requisitos, junto da identificação estratégica de oportunidades, garantem a manutenção da competitividade e a própria sobrevivência de qualquer empresa, num cenário de alta complexidade como o que vivemos.

QUADRO 3 - RECAPITULANDO

## RECAPITULANDO

### ERA CLÁSSICA DA ADMINISTRAÇÃO

**PRINCIPAIS NOMES**
Jules Henri Fayol e Frederick Winslow Taylor

**CONCEITOS CENTRAIS**
Foco no lucro;
Homem como extensão das máquinas;
Vender mais, aumentar produtividade, com redução de tempo e custo.

### ERA NEOCLÁSSICA DA ADMINISTRAÇÃO

**PRINCIPAIS NOMES**
Peter Drucker e Ernest Dale

**CONCEITOS CENTRAIS**
Prioridade no cliente;
Olhar para o valor social das empresas;
Valorização do capital humano e da busca de objetivo comum;
Foco em vender melhor.

### ERA SISTÊMICA DA ADMINISTRAÇÃO

**PRINCIPAL NOME**
Ludwig von Bertalanffy

**CONCEITOS CENTRAIS**
Empresa como sistema;
Olhar para uma gestão integrada e que reconhece a interdependência entre os diferentes ambientes;
Os processos e atividades reconhecem as influências externas, já que a organização faz parte de um grande ecossistema interligado.

### ERA SUSTENTÁVEL DA ADMINISTRAÇÃO

**PRINCIPAIS NOMES**
Diferentes autores atuais

**CONCEITOS CENTRAIS**
Amplia-se a visão social sobre os negócios, com reforço dos princípios de responsabilidade socioambiental;
Gestão focada em objetivos e indicadores claros para monitorar desempenho;
Foco na entrega e não na mera execução de tarefas;
Fortes adaptabilidade, inovação e criatividade.

FONTE: O AUTOR

INTELIGÊNCIA QUE VENDE: A ROTA DAS ESTRATÉGIAS COMERCIAIS EXPONENCIAIS

# ⇡ A engrenagem comercial inteligente

Agora vamos pensar especificamente sob o prisma da área comercial. Como será que esse departamento pode responder, com inteligência, aos desafios da gestão moderna? Voltando a traçar um paralelo entre gestão empresarial e o funcionamento do corpo humano, é comum ouvirmos falar sobre a área comercial como o coração de uma empresa, por sua importância e protagonismo. Eu vou ser um pouco mais ousado, afirmando que:

## Quando bem estruturada, a área comercial se torna o cérebro e a inteligência do seu negócio.

Aliás, meu objetivo, com este livro, é justamente fazer com que você consiga fazer da operação comercial um fator de inteligência, atuando em completa harmonia e simbiose com os demais departamentos corporativos. Para isso se efetivar, faz-se necessário, antes de mais nada, um capital humano antenado à mudança e pronto a reinventar-se, adaptar-se. Um departamento comercial moderno jamais pode teimar em continuar onde está, temendo o novo, o desconhecido.

Muitas vezes, por medo de mudar a lente (perspectiva) e de fracassar sendo diferente, os colaboradores forçam a defasagem e a obsolescência das empresas e seus departamentos. Abandonar o padrão clássico de atuação, consolidando um trabalho comercial moderno, passa, antes de mais nada, por desacomodação. Para tratar esse processo de forma bem prática, separei quatro fatores básicos de distinção entre as áreas comerciais tradicional e moderna.

QUADRO 4 – OS 4 PRINCÍPIOS DA ÁREA COMERCIAL MODERNA

## os 4 princípios da área comercial moderna

Na visão clássica, a área comercial é:

*estática;*

*desconectada;*

*sem estratégia;*

**linear.**

Já na visão neoclássica e moderna, a área comercial é:

*dinâmica;*

*integrada;*

*com estratégica;*

**exponencial.**

FONTE: O AUTOR

Está em dúvida sobre como migrar de um modelo para outro? Calma! Vamos esclarecer ponto a ponto.

QUADRO 5 – QUADRO COMPARATIVO

**DEPARTAMENTO COMERCIAL CLÁSSICO**  **DEPARTAMENTO COMERCIAL MODERNO**

### ESTATICIDADE

Há pouco ou nenhum movimento para buscar e manter relacionamento com clientes. O comercial não interage nem tem metas comuns com outros departamentos.

Ou seja, atua totalmente sem convergência com os demais setores. É operacional, concentra sua energia exclusivamente na realização das tarefas rotineiras.

### DINAMISMO

Ações para buscar e fidelizar clientes são propostas e o departamento comercial é atento à geração de novos canais de venda. As metas individuais estão em consonância com os objetivos do departamento que, por sua vez, se alinham com o que estão perseguindo as demais áreas e a empresa como um todo.

Aqui o foco está na produtividade e não na tarefa. Cada colaborador sabe o resultado que persegue, a entrega que deve fazer e o que a companhia espera do seu trabalho.

## DESCONEXÃO

Não há comunicação com outros setores e muito menos um objetivo comum. É como se cada parte fosse autônoma, desmembrada. Imagine-se na seguinte situação: seu cérebro determina pentear o cabelo e sua mão direita quer pegar a escova. No entanto, seus dedos querem desembaraçar os fios entre si. E aí a atividade simplesmente não acontece. Percebe a desconexão das partes? Assim como ocorreria no caso de o cérebro ordenar uma ida à cozinha, Se a perna direita vai pulando enquanto a esquerda se arrasta, você fica no mesmo lugar.

É assim quando o comercial cumpriu a tarefa de fazer venda, mas não se preocupou em checar se o item vendido existe no estoque e se a logística conseguirá fazer a entrega no prazo prometido ao cliente. A tarefa dele foi feita. Ele vendeu e os demais setores que lutem – como dizem os jovens – para cumprir as suas. O problema é que quem sai perdendo são o consumidor e a empresa.

## INTEGRAÇÃO

Nesse caso, falamos de uma operação comercial coordenada e alinhada com o todo. Há comunicação entre os setores, com a meta da empresa se dividindo em pequenos objetivos direcionados ao setor correspondente. O departamento de marketing funciona alinhado com o comercial, o financeiro e o estoque. O resultado é uma estratégia capaz de potencializar a competitividade e a lucratividade da empresa.

Isso porque a integração entre os departamentos permite otimizar recursos internos e processos, reduzindo falhas de comunicação, minimizando retrabalho e evitando desperdício. O comercial checa a disponibilidade do item para informar corretamente ao cliente, conseguindo também acesso à logística para garantir uma data de entrega. E todos esses fatores repercutem numa experiência positiva para o cliente. Nessa dinâmica, gera-se um ciclo virtuoso. Cliente satisfeito, empresa crescente e capital humano valorizado.

## SEM ESTRATÉGIA

O objetivo é vender e vender mais. Não há alinhamento interno ou com as outras áreas. O grupo de colaboradores cumpre tarefas sem a devida consciência de para onde está indo.

Há, portanto, apenas um grupo de pessoas executando atividades e vendendo, com produtividade e resultados abaixo dos que poderiam ser alcançados. Nesse cenário, a empresa reduz demais as perspectivas de fidelizar clientes, porque eles não estão no centro da operação.

## COM ESTRATÉGIA

Há zelo pela cultura organizacional. O comercial se torna um elo importante para construir protagonismo, integrar pessoas e criar ambientes cada vez mais sinérgicos com o objetivo de entregar resultados e propiciar a melhor experiência. Com esse norte, os processos estão adequadamente estabelecidos, bem como as dinâmicas operacionais seguem alinhadas com as demais áreas corporativas.

Não há mais sentido algum naquelas reuniões para definir, por exemplo, as estratégias de Black Friday apenas com a participação do departamento comercial. É preciso integrar comercial, financeiro, marketing e todos os departamentos relevantes na operação da empresa, como logística, compras, RH etc. O sucesso da campanha está atrelado ao alinhamento entre todos esses elementos de backoffice.

## (CONT.)
## COM ESTRATÉGIA

Vivemos tempos em que a área comercial não precisa apenas "vender bem", mas "vender melhor", planejando com o setor de marketing o funil de vendas e a jornada do cliente. Essa é a forma correta de buscar o lead qualificado, que deve ser acompanhada de uma política de pós-venda bem traçada. Ou seja, há um conjunto de ações para que as vendas se deem de forma sustentável e perene.

Existe a consciência do quanto é necessário compreender o que acontece no mundo e seus efeitos nos negócios. Assim, teremos uma operação comercial preparada para incorporar tecnologia e absorver o efeito das redes sociais e dos canais digitais como forma de fortalecer e desenvolver novas conexões. E, também, vai ser possível identificar as faltas de conexão e criar novas ideias e soluções.

Isso é atuação estratégica!

## LINEARIDADE

Na dinâmica comercial tradicional, é comum que seja estabelecido um parâmetro de crescimento em um dado período de tempo. O que significa uma expansão de, por exemplo, 10% em um ano, com o mesmo índice no próximo ciclo anual e assim sucessivamente. É uma visão absolutamente linear e, fora os casos de grandes empresas, comumente restrita a determinadas áreas geográficas (um bairro, uma cidade, um estado).

## EXPONENCIALIDADE

Numa área comercial moderna, o avanço é exponencial e ascendente. Não há limitação geográfica e o alcance de possíveis clientes é maior e mais efetivo. Por isso, de um dia para o outro, as vendas de uma empresa podem dobrar, triplicar, quadruplicar.

FONTE: O AUTOR

Em resumo, o que, de fato, caracteriza um departamento comercial moderno é o mindset focado em inteligência, operacionalidade e crescimento. Não se trata apenas de vender, mas de fazer vendas que gerem satisfação ao cliente, ao ponto de ele voltar a comprar, além de indicar seu negócio, engajando-se e, de certa forma, vendendo por você. Seu cliente passa a fazer parte de um sistema sustentável

Lembra quando eu disse alguns parágrafos atrás que o departamento comercial, além do coração, pode ser o cérebro e a inteligência de uma empresa? É por isso!

QUADRO 6 - QUADRO EMPRESA COM INTELIGÊNCIA COMERCIAL

Uma empresa com inteligência comercial pensa a médio e longo prazos e está sempre atenta aos pontos de melhoria necessários.

FONTE: O AUTOR

# [↕] vamos falar um pouco mais sobre o mundo conectado e global?

Quando se fala sobre a criação de uma estrutura comercial inteligente e eficiente, é absolutamente necessário que tratemos, com mais propriedade, de elementos caracterizadores do mundo em ebulição que experimentamos, cuja interferência é direta na implementação de uma gestão comercial moderna. E nada melhor do que começarmos pela tão mencionada globalização, que nos traz uma perspectiva de expansão de fronteiras nunca antes vista.

Dia desses, um amigo do Nordeste – diretor de tecnologia da informação de uma grande rede supermercadista – me contava que, antes da pandemia, acabava contratando as soluções de que precisava quase que exclusivamente de grandes fornecedores do centro do país. Já hoje em dia consegue interagir online com startups que estão fora do eixo Rio-São

Paulo; algumas, inclusive, sediadas em cidades pequenas do interior. Com um detalhe importante, essas empresas "menores", se assim podemos dizer, oferecem solução viável ao atendimento das necessidades da rede supermercadista, podendo, até mesmo, atender a tais demandas com eficiência maior que a das grandes empresas.

**Isso é a globalização. Você pode captar clientes onde quer que eles se encontrem. Qualquer companhia, independentemente de seu tamanho e localização geográfica, tem possibilidades exponenciais de vendas. Uma empresa do Oiapoque pode vender para consumidores do Chuí ao mesmo tempo que vende para alguém do Japão ou da Finlândia.**

Isso com a devida atenção à alta competitividade e ao acirramento da concorrência que surgem como efeitos colaterais dessa expansão geográfica sem limites. Da mesma forma que a empresa do Oiapoque pode vender para o Japão, uma companhia japonesa, independentemente do tamanho, pode vender seus produtos igualmente em qualquer parte do globo. Que o digam grandes e-commerces como Amazon, Alibaba, Shein e Shopee, vendendo para o mundo inteiro de forma prática e rápida.

Portanto, mais do que nunca, é necessário definir bem seu *Ideal Customer Profile* (ICP), estabelecer objetivos, traçar estratégias, coletar e analisar dados, melhorar produtos e serviços. Esses fatores constroem negócios competitivos com perspectivas exponenciais de vendas se tornando reais, numa escala até então inimaginável.

QUADRO 7 - OLHO VIVO PARA OS NOVOS PADRÕES DE CONSUMO

## olho vivo para os novos padrões de consumo

Para além de expandir fronteiras, a globalização influi diretamente em como o consumidor enxerga o mundo e se relaciona com ele. O consumidor também mudou e é inegociável que as estratégias comerciais estejam atentas ao novo perfil consumerista!

Antigamente, as decisões de compra eram movidas por necessidades básicas e pela escassez de produtos. Necessitando de algo, mesmo que o produto oferecido não contemplasse sua total necessidade, o consumidor o adquiria. Afinal, era o que havia.

Porém, com o estabelecimento da produção em massa, surge a chance de escolher aquele item que melhor atende às necessidades físicas, sociais e até mesmo emocionais do comprador. O acesso à educação também colabora para que o mercado lide com um consumidor cada vez mais informado. O consumo, então, deixa de ser sobre apenas o básico. E a esse processo ainda podemos adicionar o acesso à tecnologia, à internet, ao conhecimento, ao intercâmbio de informação com outras pessoas, produtos e marcas, de qualquer parte do mundo.

Hoje temos um consumidor cada vez mais preocupado com o próprio bem-estar e com a sustentabilidade. As pessoas estão informadas e posicionadas frente às catástrofes climáticas decorrentes da exploração insana do meio ambiente, que coloca em risco a vida no planeta. É crescente, por exemplo, o número de pessoas que não consome produtos de origem animal e dá preferência a produtos de marcas que não realizam testes em animais.

AS EMPRESAS LIDAM MAIS E MAIS, A CADA DIA, COM UM CONSUMIDOR ALTAMENTE CONSCIENTE E EXIGENTE.

Você percebe a força do consumidor? É ele, no fim das contas, quem decide com quem, por que e como gastará seu dinheiro. Drucker, nos idos da década de 1950, já dizia: "A única fonte de lucro é o cliente". E ele tinha tanta razão que agora, no século XXI, se entende claramente que a atuação corporativa deve ter o cliente como ponto central.

FONTE: O AUTOR

# ⬆ Digitalização: outra condição fundamental

No fim das contas, estamos diante de uma realidade corporativa na qual ou as empresas apostam em mudança de mindset e inovação ou correm sérios riscos de sobrevivência. E aí entra em cena outro ponto a não perder de vista. Eu me refiro à transformação digital.

Temos um excelente indicativo do quanto é inadiável cuidar desse quesito quando analisamos os impactos da COVID-19, que acelerou absurdamente o processo de digitalização das empresas, derrubou fronteiras e forçou mudanças. Matérias como a publicada pela revista *Forbes*[9], em novembro de 2020, permitem dimensionar numericamente esse impacto já em seu título, que afirma: "Pandemia faz 87,5% das empresas brasileiras acelerarem projeto de transformação digital".

E o movimento é confirmado no texto que a FGV publica em seu portal de notícias[10], quase dois anos depois, em maio de 2022:

> O avanço do investimento das empresas em tecnologias da informação (TI) no Brasil foi notório em 2021. É o que revela a 33ª edição da Pesquisa Anual sobre o Mercado Brasileiro de TI e Uso nas Empresas, divulgada nesta quinta, 26 de maio, pelo Centro de Tecnologia da Informação Aplicada (FGVCia) da

---

[9] AGUIAR, Sofia. Pandemia faz 87,5% das empresas no Brasil acelerarem projetos de transformação digital. **Forbes**, [s. l.], 18 nov. 2020. Disponível em: https://forbes.com.br/forbes-tech/2020/11/pandemia-faz-875-das-empresas-no-brasil-aceleraram-projetos-de-transformacao-digital/. Acesso em: 12 jan. 2025.

[10] PANDEMIA acelerou o processo da transformação digital das empresas no Brasil, revela pesquisa. **FGV**, [s. l.], 26 maio 2022. Disponível em: https://portal.fgv.br/noticias/pandemia-acelerou-processo-transformacao-digital-empresas-brasil-revela-pesquisa. Acesso em: 12 jan. 2025.

Escola de Administração de Empresas de São Paulo (FGV EAESP). De acordo com o levantamento, essa antecipação do processo de Transformação Digital foi o equivalente ao esperado para o período de um a quatro anos.

A pandemia tornou a digitalização uma demanda para ontem, até mesmo como caminho para viabilizar o trabalho home office e as jornadas híbridas que deixaram de ser tendência para se tornar realidade. O que parecia uma solução temporária, tendo em vista o necessário isolamento social imposto pela pandemia, acabou se efetivando como um formato de trabalho que agrega vantagens aos colaboradores e às empresas. Se quem trabalha ganha qualidade de vida, reduzindo deslocamento, tendo mais flexibilidade de tempo e proximidade com a família, quem contrata também consegue incrementar produtividade e minimizar custos, por exemplo.

Eu engrosso a fila dos que apostam que veremos, cada vez mais, as jornadas híbridas, com o colaborador trabalhando parte do tempo remotamente e outra parte na empresa. Se o colaborador deseja trabalhar na empresa, tem espaço. Se não quiser, atua home office. Só não vejo como abrir mão de rituais que mantenham a equipe unida. Precisamos ter em mente que o ser humano é um animal social que, desde os primórdios, anda em grupo e tem uma necessidade intrínseca de pertencer, criar laços.

Por isso também são importantes as reuniões de alinhamento, numa frequência que depende do perfil, dos recursos e do porte de cada empresa. Em geral, é indicado que esses momentos sejam semanais ou mensais. Mas há casos em que também vão fazer sentido encontros trimestrais, semestrais e até mesmo anuais, considerando os ritos de governança de cada empresa. Até porque, nessa estrutura, os times e departamentos também vão manter sua rotina paralela de acompanhamento das atividades.

No caso da Futurize, o hub de soluções em educação corporativa do qual sou sócio, acabamos optando por uma atuação totalmente home office, até mesmo por atendermos clientes e termos colaboradores em todo o Brasil. Nessa atuação capilarizada, fazem sentido tanto o trabalho remoto quanto os encontros presenciais semestrais e anuais, que são nossa opção.

## ⬆ uma provocação final

Há uma frase de que gosto muito e reflete demais tudo o que conversamos neste capítulo. "Nada é tão bom que não possa ser melhorado.". E isso vale não só para as empresas, que precisam estar prontas para o mundo globalizado e competitivo e os consumidores cada vez mais exigentes, mas também para os profissionais.

· Isso mesmo! Até porque, sem o capital humano, uma empresa, por melhor ou maior que seja, não produz. Mesmo que ela seja 98% automatizada e computadorizada, dependerá de um humano que dê start ao processo, que aperte o "ON".

Por que digo isso? Porque essa mudança da mentalidade fechada para mentalidade aberta e atenta exige uma humildade intelectual que deve permear tanto a empresa como todo o seu capital humano, desde o cargo mais alto até o cargo dito mais baixo. Da mesma forma, são necessárias adaptabilidade e capacidade questionadora com relação a essa modernidade que chega, para fazer de tantas possibilidades o impulso que alavanca ao invés de paralisar.

O profissional moderno, assim como as corporações dos nossos tempos, é intelectualmente humilde, reconhece a importância da melhoria diária e entende que sempre há o que aprender com os outros, com o mercado, com a vida. São esses profissionais que ajudarão as empresas a se reinventarem, a enfrentarem o desafio de construir uma interação forte e cada vez maior entre os departamentos. Assim se cria um ambiente de evolução, que cultiva o protagonismo das pessoas, do capital humano.

E é esse tipo de profissional que vou ajudá-lo a ser, fomentando em você a inteligência comercial. Nos próximos capítulos, vamos entender como desenvolvê-la, como aplicá-la para o bem da sua carreira e do seu negócio ou da companhia em que você atua. Siga comigo para os próximos capítulos e vamos entender melhor toda essa engrenagem

## CAPÍTULO 2
# o que é inteligência comercial para resultados?

Até aqui, meu caro leitor, minha cara leitora, já entendemos um princípio fundamental. Os negócios não têm como fugir das estratégias de modernização e inteligência focadas em resultados ou estarão fadados a sumir. E o que dizer dos gestores e profissionais, então?

Como deixei bem claro, no primeiro capítulo, é preciso compreender e absorver os impactos de elementos como globalização, alta competitividade e incorporação de novas tecnologias, principalmente a inteligência artificial, para a gestão dos negócios e atuação de cada profissional envolvido nessa engrenagem. E não digo isso sob uma perspectiva alarmista, mas para que, a partir dessa constatação, pensemos os caminhos conscientes e assertivos a seguir, na rota que o momento exige.

Partindo do pressuposto, também apresentado no primeiro capítulo, de que a área comercial deve atuar como um cérebro organizacional, implantando inteligência e diferencial competitivo, chegou a hora de entender de que forma isso acontece.

Nesse sentido, vamos, então, aprofundar duas questões que devem estar orbitando o pensamento de você que me lê.

- O que, de fato, é essa tal inteligência comercial?
- Como inicio o processo de funcionamento desse pressuposto na prática?

## ⬆ A visão de inteligência comercial para resultados

Sem rodeios e indo direto ao ponto, começo a responder à primeira pergunta. E, para isso, nada melhor que começar pelo conceito, concorda? Portanto, vamos a ele:

**Para mim, inteligência comercial para resultados nada mais é do que a junção perfeita entre um processo de vendas adequadamente alinhado, com pessoas e setores muito bem definidos, contando com suporte eficiente da tecnologia. Esse é o mix que vai trabalhar em prol da inteligência do seu negócio**

É uma dinâmica que ocorre mais ou menos como mostra o esquema a seguir.

QUADRO 8 – ESQUEMA DE FUNCIONAMENTO DA INTELIGÊNCIA COMERCIAL ILUSTRANDO

FONTE: O AUTOR

A inteligência comercial otimiza tempo e recursos, conferindo maior competitividade à empresa, ao mesmo tempo que foca no cliente. Na prática, o que se estabelece é um circuito em que ganham o potencial cliente (*prospect*), o cliente ativo e a própria empresa.

E não estou sozinho ao ver a inteligência comercial dessa maneira. Olha o que diz Sarah Rios[11]:

---

[11] RIOS, Sarah. Inteligência comercial: como usá-la na sua estratégia de vendas. **Meetime**, [s. l.], 19 dez. 2023. Disponível em: https://meetime.com.br/blog/vendas/inteligencia-comercial-2/. Acesso em: 6 fev. 2024.

> A inteligência comercial é um conjunto de ações que tem como foco a coleta e análise de informações de uma empresa, ambiente de negócios, concorrentes e produtos, a fim de direcionar a sua estratégia futura e orientar a sua tomada de decisão.

Nesse mesmo sentido, a equipe da TOTVS[12] publica:

> A inteligência comercial é um conjunto de ações realizadas com base no processamento de dados sobre o mercado, visando obter insights relevantes para as estratégias do negócio.
>
> [...] Também conhecida como inteligência competitiva ou de mercado, essa metodologia vai além dos dados mais básicos, como análise de concorrência.

Para quem está acostumado à mentalidade clássica em administração e vendas, pode parecer trabalhosa e desanimadora a ideia de coletar, armazenar e analisar dados. Mas a verdade é que dados são ouro, além disso, existem muitos aplicativos e softwares para agilizar e simplificar todo esse processo. A tecnologia precisa ser absorvida como um fator em prol da inteligência do seu negócio.

---

[12] INTELIGÊNCIA comercial: o que é, funções e benefícios. **TOTVS**, [s. l.], 18 jul. 2022. Disponível em: https://www.totvs.com/blog/gestao-de-vendas/inteligencia=-comercial/#:~:text-A%20inteligência%20comercial%20é%20um,básicos%2C%20como%20análise%20de%20 concorrência. Acesso em: 6 fev. 2024.

## ⬆ Atenção! Ignorar esse caminho tem quatro consequências!

Repito que não se trata de ser apocalíptico ou ameaçador, mas quando uma empresa não conduz boas práticas na direção da inteligência, fica sujeita aos quatro grandes problemas que trago a seguir:

1. *Empreendedorismo às cegas*

As empresas brasileiras ainda nascem, majoritariamente, por dois motivos um tanto tortuosos. Ou a pessoa se vê fora do mercado de trabalho e precisa fazer algo para seguir em frente ou tem o sonho do empreendedor, enxergando como uma boa ideia trabalhar com algo de que gosta muito.

Em nenhum dos casos, há uma pesquisa prévia sobre as demandas do mercado. Isso é o que eu chamo de empreendedorismo às cegas, um dos grandes obstáculos que percebo no empreendedorismo brasileiro. A falta de preparação para abrir um negócio. Não há estudo de mercado, de viabilidade de produto ou qualquer coisa parecida.

E essa falta de preparo, sem dúvida, é uma razão crucial para nos depararmos com notícias do tipo: "Um terço das empresas brasileiras fecham em menos de 2 anos"[13] ou "Ainda é grande o número de empresas que não conseguem sobreviver".

2. *Trabalho sem direcionamento*

Em decorrência da falta de planejamento e dessa visão explorador *versus* explorado, surge uma questão que chamou demais minha atenção quando voltei a trabalhar no Brasil,

---

[13] 7 RAZÕES que levam a fechar a empresa antes de dois anos. **Opportunity maker**, [s. l.], 2024. Disponível em: https://opportunitymaker.com.br/7-razoes-fechar-empresa/. Acesso em: 21 fev. 2024.

depois de experiências profissionais no exterior. São muitos os negócios brasileiros operando sem processos definidos, nos quais cada colaborador trabalha de um jeito. Isso ě péssimo para os times, para os clientes, para o negócio e para o mercado.

Quando, logo no retorno ao Brasil, me deparei com uma empresa familiar com boas oportunidades de evolução, os primeiros passos foram revisitar a política, os valores, a missão, o porquê da existência daquela organização, bem como capacitar colaboradores e criar processos. As convenções, que antes eram momentos de pura confraternização, passaram a encampar também o aprendizado, o treinamento, o foco na coesão de setores e no resultado. Isso deu base para a criação de uma cultura organizacional e de recursos humanos que aos poucos foi sendo construída e solidificada.

Os recursos humanos e tecnológicos se tornaram aliados na missão de entregar mais valor para os clientes. E assim surgiu o departamento de relacionamento com o cliente, para estarmos mais próximos de quem escolhia nossos produtos. Foi um conjunto de iniciativas que colocou o negócio diante de um norte a seguir. Ao entregar mais valor aos clientes, começamos a vender mais e tudo ficou ainda mais fácil com o suporte de bons recursos tecnológicos.

O setor de vendas recebeu *palmtops* que depois foram substituídos por tablets, uma tecnologia que permitiu anexar fotos aos produtos do catálogo e outras inovações que se seguiram. É um case que ilustra, na prática, os elementos da inteligência comercial funcionando.

QUADRO 9 - CONTEXTUALIZANDO

FONTE: O AUTOR[14]

## 3. Estar à margem das tendências

Se você não tem informações para mensurar, analisar e acompanhar a evolução do mercado e do consumo, você perde de vista seu cliente, estagnando seu negócio. É literalmente parar no tempo, como acontece, por exemplo, com quem ignora as mudanças que estão acontecendo quanto ao comportamento de consumo.

Muitas empresas ainda estão esperando o cliente vir à sua porta, sem o necessário investimento em fatores como marketing e experiência positiva. Sabe o que acontece enquanto elas esperam o cliente bater à porta? A concorrência que aplica inteligência comercial já interceptou a pessoa, resolveu o problema e efetivou a venda para aquele mesmo cliente. Ou seja,

---

[14] Para compor este quadro, foram utilizados prints de tela reais da Amazon, que pode ser acessada por meio do link: https://www.amazon.com.br.

há uma grande chance de que esse consumidor nem chegue até os negócios que, por falta de inteligência comercial, estão minguando e sucumbindo, morrendo aos poucos.

E aqui entra em jogo um conceito bastante presente no atual mundo corporativo. Falo de *Big Data*, uma área de conhecimento focada, justamente, em coleta, tratamento e análise dos grandes conjuntos de informações que temos hoje em dia e estão disponíveis para melhorar uma gama diversa de negócios.

Big Data são enormes conjuntos de dados coletados de fontes diversas que, devido à sua complexidade e quantidade, necessitam de instrumentos apropriados para sua análise. Hadoop e Spark são exemplos dessas ferramentas. Por meio delas, é possível reunir dados de fontes variadas: serviços web, log de máquinas, mídias digitais, aplicativos, entre outras.

INTELIGÊNCIA QUE VENDE: A ROTA DAS ESTRATÉGIAS COMERCIAIS EXPONENCIAIS

Para entender melhor a importância disso tudo, vale a pena recorrer a alguns dados que pesquisei[15]:

QUADRO 10 - QUADRO DE ESTATÍSTICAS

## Estatísticas

Cerca de 2,5 quintilhões de bytes de dados são gerados todos os dias.

O volume de dados criados em todo o mundo a partir de 2023 é de 120 zetabytes e deverá atingir 181 zetabytes até o final de 2025.

Um aumento de 60% nas margens operacionais pode ser alcançado por varejistas que utilizam Big Data.

Mais de 80% dos dados gerados hoje não são estruturados.

Google obtém mais de 9 bilhões de pesquisas por dia.

Os usuários do Instagram compartilham cerca de 66.000 fotos.

Usuários do WhatsApp trocam mais de 100 bilhões de mensagens diariamente.

FONTE: O AUTOR COM BASE EM 50+ INCREDIBLE [...], 2024

Esses números, na minha concepção, demonstram claramente que empresas e profissionais liberais que ainda não usam estratégias digitais para a captação de clientes estão perdendo oportunidades de negócios.

---

[15] 50+ INCREDIBLE Big Data Statistics for 2025: Facts, Market Size & Industry Growth. **Big Data Analytics News**, [s. l.], 1 jan. 2024. Disponível em: https://bigdataanalyticsnews.com/big-data-statistics/#google_vignette. Acesso em: 12 jan. 2025.

E o motivo é bem simples. Os consumidores usam buscadores, como Google e redes sociais – Instagram, WhatsApp e X (antigo Twitter) –, na busca por solucionar seus problemas. Se você é uma solução, mas não está visível nessas ferramentas, está colocando dinheiro no bolso da concorrência que, atenta a isso, já se divulga nesses canais.

4. *Enfraquecimento da marca e do negócio, que se desconecta do público-alvo*

A ausência de processos enfraquece o negócio, as vendas e a própria marca, que perde credibilidade e oportunidade de agregar valor ao cliente, efetivando negócios adjacentes ou recorrentes. Ou seja, a perspectiva de ofertar outros produtos, atrelados ao objeto da compra, fica muito reduzida.

O negócio existe, mas não sabe para quem vende, como vende, como atende, tornando-se completamente desconectado dos seus públicos. Falta a perspectiva de proporcionar a tão fundamental experiência positiva de compra ao cliente.

QUADRO 11 – NO FUNDO, TUDO TEM A VER COM O PORQUÊ!

# No fundo, tudo tem a ver com o porquê!

As empresas que desenvolvem forças, fugindo de pontos cegos causados pela falta de inteligência, conseguem acertar em algo que constatei trabalhando na Disney. Falo sobre a importância do propósito, dos valores, das razões de ser da empresa, que devem ser incorporados por todo colaborador desde a contratação, para que cada pessoa trabalhe dentro dos parâmetros estabelecidos. Daí também a importância do aprendizado e treinamento, antes mesmo que se comece a trabalhar.

Na Disney, eu fiquei sete dias em treinamento, antes de ter acesso ao uniforme. Foi um tempo para viver, aprender, incorporar os princípios corporativos e me conectar emocionalmente à cultura da empresa. Assim, aquele mundo mágico desperta nos *cast members* (assim eles denominam os colaboradores) a vontade de fazer parte e proporcionar ao cliente o mundo de sonho e fantasia, numa experiência única e inesquecível.

Esse é o propósito da Disney.

E o que falta a muitas empresas brasileiras é isto: ter clareza do seu propósito e entrega de valor.

Uma frase conhecida diz que: "Todo mundo vive por um propósito.". Acredito nisso e vou além. Se esse propósito é claro, tudo passa a valer a pena, inclusive os problemas. Você ganha musculatura e tranquilidade para lidar com eles. E acredite! Toda empresa tem problemas. Até mesmo a Disney, que se denomina "o lugar mais feliz do mundo".

FONTE: O AUTOR

# A inteligência comercial potencializando vendas

Toda a reflexão que eu trouxe até aqui nos conduz a uma constatação muito interessante. Inteligência comercial é um conceito bem mais amplo do que se pode suspeitar num primeiro momento. Você concorda comigo, agora que já conhece o ciclo virtuoso que a visão de inteligência comercial incorpora a qualquer negócio? Potencialização de vendas, nesse caso, é consequência, um efeito colateral que surge naturalmente.

Compreendendo isso, estamos preparados para conversar justamente sobre a potencialização das vendas, um resultado que, logicamente, todo mundo quer. E para começar a falar sobre esse aspecto, preciso quebrar um paradigma: a ideia arcaica e obsoleta de que vender é um dom nato. Você acredita que bons vendedores já nascem prontos? Isso é mentira! Jogue fora essa ideia agora!

A venda, assim como as outras atividades de uma empresa, é um processo a ser tratado de forma inteligente e estratégica. Ou seja, falamos de um mecanismo que deve ser planejado, aprendido, treinado, avaliado, revisto e reorganizado.

Na faculdade aprendi que a administração de um negócio tem quatro pilares básicos e estratégicos – gestão, finanças, marketing e operação. Sou apaixonado e me especializei em dois deles: gestão e marketing. É essa paixão que quero despertar em você para que seus negócios fluam com maior resultado.

Com tudo que aprendi sobre essas duas áreas e a relação entre elas, inclusive na minha ampla experiência em operações multinacionais, afirmo, categoricamente e sem medo de errar, que há um mecanismo automático para aumentar as vendas. Sabe qual é? O estabelecimento de processos muito bem definidos.

E o motivo é simples. A partir dessa base, você sabe qual experiência deve propiciar ao cliente, desde o primeiro contato até o pós-venda, para criar com ele um relacionamento. Sabe também como falar com esse cliente e por que ele vem ao seu estabelecimento e não a outro!

Você nem precisa mais usar o cansativo "Em que posso ajudar?", porque já sabe essa resposta, antes mesmo de ele entrar na loja! Sua abordagem pode ser única e exclusiva.

Conhecendo e entendendo seu cliente e a necessidade dele, você consegue agregar valor, somar à oferta soluções ou produtos para outras necessidades que talvez o cliente nem tenha identificado, fazendo-o economizar tempo de vida, já que não precisará mais se preocupar com essa necessidade, até então despercebida. Nota que estamos falando de uma operação mais rentável, sem que você sequer tenha precisado conquistar um novo cliente?

QUADRO 12 - VAMOS A UM EXEMPLO

# vamos a um exemplo

Vai ficar mais claro se pensarmos, juntos, numa situação real. Imagine que você é um vendedor de tênis, por exemplo. Esse tipo de calçado é geralmente usado com meias, certo? Então, por que não oferecer um par de meias com o tênis? O cliente precisará dele em algum momento. Pode, inclusive, já estar precisando dessas meias no momento da compra e ter esquecido disso.

Haverá pessoas que vão comprar as meias e também quem vai deixá-las de lado, mas é fato que existe a perspectiva de uma venda casada. Ou seja, ofertar produtos de uso associado agrega valor ao cliente e pode ser incorporado ao processo de atendimento e venda da loja. Pronto! Temos um elemento potencializador de vendas a ser incorporado por todos os vendedores, como parte de um checklist de procedimentos.

Esse exemplo é real. Eu vi isso acontecendo em uma das empresas norte-americanas em que trabalhei.

Aliás, você já reparou como sente-se mais realizado ao vivenciar a experiência de calçar um tênis, um sapato novo, com meias também novas? Se ainda não se deu conta, pode reparar, a sensação, a realização é completamente diferente. Tenho certeza de que nesse momento o cliente pensou: "Nossa! Ainda bem que aquele vendedor me lembrou de trazer um par de meias.".

FONTE: O AUTOR

Daí a importância de se trabalhar a inteligência nos processos. A minha experiência me convenceu de que, quando se tem a inteligência comercial pautada em processos, pessoas, integração de setores e tecnologia, o resultado acontece com mais naturalidade. Acima de tudo porque vender se torna mais fácil quando o vendedor sabe o que fazer.

Digo isso porque a grande dificuldade desses profissionais em atingir os melhores resultados está exatamente no como vender! Quando as pessoas sabem o "como fazer", a partir de um passo a passo definido, de um processo de venda que sirva para toda a equipe, você consegue uma equipe mais homogênea.

Está aí a base da cultura de resultados, que, apesar de ter resultados no nome, vai muito além deles. É preciso também ter foco nas pessoas e no seu desempenho, bem como na entrega de valor ao cliente.

QUADRO 13 - PONTOS DE FOCO

FONTE: O AUTOR

É uma visão que, como bem ilustra o quadro a seguir, faz toda a diferença, em se tratando de fortalecer a competitividade do seu negócio.

QUADRO 14 – QUADRO COMPARATIVO ENTRE EMPRESAS COM E SEM INTELIGÊNCIA APLICADA

**EMPRESA**

**SEM INTELIGÊNCIA APLICADA**

Com foco no RESULTADO
- ansiedade,
- confusão,
- desânimo,
- indecisão,
- atraso,
- desorganização,
- pressão.

**COM INTELIGÊNCIA APLICADA**

Com foco no DESEMPENHO
- análise,
- consciência,
- planejamento,
- detalhe,
- evolução,
- inovação,
- clareza.

FONTE: O AUTOR

# os pilares da inteligência comercial

— OK, André, você já me convenceu, mas o que eu preciso fazer para desenvolver e aplicar essa inteligência?

A resposta vai até parecer clichê, mas realmente não há outro caminho. Você precisa de um passo a passo relacionado aos pilares de inteligência comercial, que são: processos, estabelecimento de setores e tecnologia. Esse é o fundamento para a cultura de resultados e engajamento que vai tornar cada colaborador pertencente e consciente do seu papel, potencializando resultados.

Que tal conhecer melhor cada um desses pilares?

## ⇄ PROCESSOS

Ter o processo de vendas descrito, num fluxograma visual dos departamentos, é de suma importância. Acompanhe o raciocínio. Imagine um restaurante que, de tempos em tempos, troca o cozinheiro. Sem processo definido, cada cozinheiro fará a comida à sua maneira, com seus temperos e etapas de preparação dos alimentos. Agora, se o restaurante tiver um processo para preparar cada uma de suas receitas, ainda que troque de cozinheiro todos os dias, o sabor da comida e o ponto de cozimento serão praticamente os mesmos sempre.

A mesma coisa acontece no setor de vendas. Caso a empresa não tenha seu processo de vendas documentado, descrito, repassado aos vendedores, cada um deles atuará do seu "jeitinho". É uma situação perigosa na qual, ao invés do processo de vendas da empresa "X", cria-se a dinâmica do vendedor "Y". Percebe que deveria ser o contrário?

**Em se tratando do estabelecimento de processos, há outra questão que precisa estar bem presente. O processo de vendas se inicia na prospecção e perdura até que o cliente manifeste-se plenamente satisfeito. Isso é sucesso do cliente.**

Portanto, é fundamental mapear e registrar cada uma dessas etapas. Elas devem estar formalizadas em um documento acessível aos vendedores, que, por sua vez, seguirão aquela trilha de fundamentos, ainda que conservem sua personalidade. Ou seja, qualquer pessoa que assuma um posto de vendas naquela empresa precisa dominar e executar esse processo sem problemas.

## ⇄ ESTABELECIMENTO DOS SETORES

Este é um pilar que tem a ver com pontos para os quais eu acabei de chamar a atenção: atenção aos colaboradores e acompanhamento global da jornada do cliente. Um departamento comercial segmentado direciona melhor a venda e está habilitado a garantir o sucesso do cliente.

São três os setores em que deve se subdividir o setor comercial de qualquer negócio. No decorrer da obra, falaremos com mais especificidade sobre cada um deles.

QUADRO 15 - OS 3 SETORES INTERLIGADOS

FONTE: O AUTOR

## ⇄ TECNOLOGIA

O suporte de boas ferramentas tecnológicas torna-se crucial para agilizar as atividades e processos, bem como para simplificar as dinâmicas de coleta e tratamento dos dados. No caso específico dos departamentos de vendas, esse papel é muito bem cumprido pela adoção de uma boa plataforma de CRM (*Customer Relationship Management* ou gestão de relacionamento com o cliente).

São soluções que permitem concentrar informações e mapear toda a jornada de relacionamento com possíveis consumidores, desde a prospecção. Com esse domínio, as decisões são tomadas a partir de dados concretos e o processo de vendas se torna muito mais assertivo, porque momentos e necessidades do prospecto ou cliente estão traçados e claros.

## ⬆ OS 4 passos necessários

Dominados esses pilares que dão base à visão comercial estratégica, chegou a hora de traçar o início do caminho para a sua implementação. Afinal, como em qualquer outro cenário que envolve o estabelecimento de políticas de gestão, é preciso desmembrar essas bases em ações práticas. Vamos a elas!

## ⇄ 1. TRAÇAR PARÂMETROS DE MONITORAMENTO

A definição clara e transparente de metas e indicadores é o primeiro passo para implantar a inteligência comercial na sua empresa. E aqui vai um alerta: não basta que esses critérios sejam claros apenas para o gestor da área. Toda a equipe precisa compreendê-los e visualizá-los. Assim, as pessoas envolvidas no processo dominarão o propósito da inteligência comercial traçada, engajando-se com ele.

E aqui cabe diferenciar os conceitos de metas e indicadores. A meta é algo que se pretende alcançar, o resultado perseguido, já o indicador é o caminho que conduz a essa conquista. Portanto, eu nem preciso falar o quanto é importante ter essas métricas em vista. Afinal, de nada adianta definir as metas de um negócio sem conhecer os caminhos pelos quais elas serão alcançadas.

Por sinal, eu sempre reforço que as metas devem ser desmembradas em objetivos menores. Quanto mais fragmentadas, mais facilmente serão atingidas, pelo engajamento de todos. Seus planos de ação serão mais eficientes e você tem maior probabilidade de reconstruir ou ajustar a rota, com assertividade e no tempo adequado. No quadro a seguir, trago indicadores válidos para você traçar metas e estratégias comerciais eficientes.

QUADRO 16 - METAS E INDICADORES

### METAS E INDICADORES

**Taxa de conversão em relação a cada etapa do funil de vendas** - Esse é um indicador de suma importância que te trará informações úteis, dentre elas, os pontos de melhoria do seu processo de vendas.

**Taxa de conversão em vendas** - Significa que mediante a quantidade de visitas ou demonstrações que você realiza do seu produto ou serviço, você consegue mensurar, exatamente, a quantidade de propostas enviadas e a quantidade de propostas enviadas que se transformam efetivamente em contratos.

**Ticket médio** - Se você consegue ter uma quantidade de vendas mensais de produtos que variam entre por valor e outro, por exemplo entre R$200,00 e R$1000,00, você consegue definir seu ticket médio que no caso do exemplo é R$500,00. E, a partir daí, traçar metas através dele, não só para o departamento de venda como um todo, mas para cada colaborador.

**CAC (Custo de aquisição do cliente)** - Como a sigla indica, trata-se do valor investido em vendas e marketing para você alcançar novos clientes. Ao reduzir o seu custo de aquisição de cliente, você aumenta a criatividade do seu negócio, otimiza a operação da empresa e também a eficiência do seu time.

**LTV ou LVT(Lifetime Value)** - A sigla é em inglês mas a definição é simples, significa o valor do ciclo do cliente em uma determinada empresa. Não só te ajuda na definição de metas como também na sua estratégia. Suponhamos que o um novo cliente fique 12 meses na sua empresa. Multiplicar esse período por pelo valor que ele paga ao longo desse período te fornece o LTV médio da sua empresa.

**Satisfação do cliente** - Falaremos mais sobre este indicador quando abordarmos a área de sucesso do cliente. Mas hoje, mensuramos a satisfação do cliente por dois aspectos, NPS ou CESAT.

**NPS** é quando a empresa faz perguntas simples ao cliente para saber se o cliente indicaria ou não aquela empresa ou serviço. Você provavelmente já respondeu alguma pergunta sobre indicar ou não e avaliação do serviço de 0 a 10, disso se trata.

**CESAT** é medir a satisfação do cliente dentro da sua organização.

FONTE: O AUTOR

Em se tratando especificamente da inteligência comercial, destaco dois suportes cruciais para a geração de indicadores, ou seja, números e dados que darão base à definição de metas mensais, trimestrais, semestrais ou anuais. Eu me refiro ao CRM e ao funil de vendas. Você não pode abrir mão dessas ferramentas, de forma alguma.

QUADRO 17 - SOBRE COMO UTILIZAR ESSAS FERRAMENTAS!

## sobre como utilizar essas ferramentas!

Com a suporte do CRM e do funil de vendas, você **coleta e assimila informações e dados, predefinindo os indicadores a monitorar.**

A partir daí, faça um **levantamento desses indicadores nos últimos 12 meses**, apurando seu comportamento nesse período. **Esse será seu Ponto A!**

**Com base nesse Ponto A, você estabelece o Ponto B, ou seja, a meta a perseguir.**
Ela surge como consequência. E os indicadores definidos continuam sendo acompanhados, para a clareza do caminho em direção ao objetivo.

FONTE: O AUTOR

Seguindo o caminho que proponho, no quadro acima, você trabalha com previsibilidade e enxerga os pontos que demandam correções de rota com muito mais propriedade. Daí a importância do nosso próximo tópico, a gestão visual.

## ⇄ 2. IMPLEMENTAR GESTÃO VISUAL

Uma vez que metas e indicadores estejam definidos, é importante comunicar esses números, a partir de alguma ferramenta que permita visualizá-los. A gestão visual do caminho em direção ao resultado traz sensação de progresso e pertencimento, aumentando o engajamento do time em prol dos resultados e do sucesso de seus clientes.

Há várias maneiras eficientes de realizar gestão visual. Você pode anotar em quadro, imprimir banners, espalhar telas indicativas – como as de chegadas e partidas dos aeroportos. Vale até Post-its nos quais os indicadores vão sendo visualmente demonstrados. O que mais importa é que as informações sejam atualizadas todos os dias ou uma vez por semana.

Tenha presente que gestão visual estabelece uma cultura voltada para os números e impacta diretamente a cultura organizacional do seu negócio. É fundamental que os indicadores estejam visíveis a todos os colaboradores e sejam constantemente atualizados, mensurando os objetivos a alcançar.

QUADRO 18 - UM EXEMPLO PRÁTICO

## um exemplo prático

Aqui na Futurize, na área comercial sob a minha gestão, implementei uma Planilha de Controle, que vou atualizando semanalmente para sinalizar quantas reuniões realizamos, quantas propostas enviamos e quantos fechamentos tivemos no período de uma semana, totalizando ao final de cada mês. Além disso, compartilho com todos os setores os resultados mensais individuais e do departamento.

Ou seja, além das metas gerais a que todos estamos atentos, cada integrante do departamento comercial ainda tem as próprias metas individuais sempre à vista. É uma espécie de lembrete constante dos resultados que o departamento está perseguindo.

FONTE: O AUTOR

## ⇄ 3. ESTABELECER RITUAIS DE GESTÃO

A partir da definição de metas e indicadores claramente comunicados e visualmente disponíveis a todas as pessoas envolvidas na busca pelos resultados, a engrenagem de gestão está estabelecida. Será a hora de outro passo muito importante.

Nesse estágio, é necessário traçar os fundamentais rituais de gestão que eu já citei anteriormente e ainda vou aprofundar nesta obra. Lembre-se! São inegociáveis esses momentos de troca e alinhamento com as pessoas que trabalham para cumprir as metas estabelecidas. Isso reforça a clareza e a transparência que mencionei, falando sobre a gestão visual.

QUADRO 19 – OLHE PARA O SEU CASO!

## olhe para o seu caso!

É extremamente importante entender que a definição dos rituais de gestão precisa considerar a singularidade do seu negócio.

Reflita sobre:
- o segmento e o tamanho da empresa;
- o número de colaboradores;
- a complexidade da estratégia comercial;
- a modalidade das atividades – se remota, híbrida ou presencial.

E, a partir desses elementos, opte por:
- encontros presenciais;
- reuniões online;
- encontros de alinhamento diários, semanais, mensais, trimestrais, semestrais e até mesmo anuais.

FONTE: O AUTOR

## ⇄ 4. ANALISAR O MERCADO E A CONCORRÊNCIA

Este também é um passo muito importante para aplicação da inteligência comercial em seu negócio. É um diagnóstico que se alia aos outros três fatores que citei, ajudando a mapear melhor os diferenciais da empresa, os preços a praticar para os produtos ou serviços e a adequada abordagem comercial.

Quando menciono abordagem, eu me refiro à essencial necessidade de focar nos seus clientes – entregando valor aos novos, ao mesmo tempo que faz o cliente já existente perceber, de forma clara, essa nova proposta de valor que você passa a oferecer. Para isso, recomendo uma análise individual da sua concorrência.

Mais do que nunca, é muito importante ter uma proposta clara de valor para o seu negócio e uma abordagem única! E, nesse sentido, analisando concorrente a concorrente, você irá se deparar com soluções estratégicas e aplicáveis para melhorar a proposta de valor do seu negócio.

QUADRO 20 - QUER SABER COMO?

# Quer saber como?

**⇢ No site do seu concorrente, por exemplo, você pode:**

⇨ encontrar alguma estratégia de captação que ele adota e com isso melhorar a sua;

⇨ visualizar os preços, a forma como ele trabalha suas promoções;

⇨ perceber pontos de melhoria no sentido de tornar seu site mais responsivo, rápido e com melhor usabilidade.

Você percebe a riqueza dos pontos que acabo de citar? Uma página que demora para carregar, ou tem navegação complicada, pode significar desistência de compra. E isso você não quer!

**⇢ Perceba também:**

⇨ como esse concorrente se posiciona nas redes sociais?

⇨ como se vende para o mercado?

⇨ como se relaciona com as pessoas?

Esses são outros elementos de insight para que seu posicionamento e abordagem de conteúdos sejam aprimorados.

⇢ Se possível, faça contato com os clientes da concorrência. Tente descobrir como essas pessoas enxergam seu concorrente, detectando o valor percebido. Desta forma, você saberá o que o mercado está demandando e poderá trabalhar seu posicionamento e geração de valor.

⇢ Outra recomendação é saber das pessoas que fazem parte dos seus públicos de relacionamento, que imagem elas têm da sua empresa, da sua marca e de seus produtos ou serviços. Assim, você pode entender se está transmitindo a mensagem pretendida ou há ruídos a ajustar.

FONTE: O AUTOR

Recapitulando! É imprescindível ter um posicionamento claro e uma proposta de valor que seja diferente e ao mesmo tempo compatível com que o mercado quer ou está necessitando.

Por isso, para que a inteligência comercial trabalhe a seu favor, tenha objetividade ao executar cada etapa sugerida com o seu time. Pois, de fato, para implantar com sucesso a inteligência comercial no seu negócio, precisará que sua equipe compre, contribua, engaje com suas ideias, valores e metas.

Para gerenciar uma equipe comercial inteligente, o gestor precisará de quatro habilidades cruciais, que são:

QUADRO 21 - 4 HABILIDADES CRUCIAIS

**VISÃO DINÂMICA**

- Analisar dados para prever tendências de mercado e comportamento do consumidor.
- Identificar oportunidades de negócios inovadores com base em insights comerciais.
- Adaptar-se às mudanças de mercado, com agilidade e antecipação.

**CONEXÕES DE IMPACTO**

- Construir uma rede forte de contatos.
- Usar as redes sociais para fortalecer networking.
- Criar estratégias para a consolidação de parcerias estratégicas.

FONTE: O AUTOR

### APRENDIZADO ÁGIL

- Utilizar ferramentas de aprendizado contínuo.
- Aprender e ensinar técnicas eficazes para inovar apresentações comerciais e pitches de vendas.
- Recorrer a CRM e outras ferramentas de análise de dados.
- Customizar projetos e propostas.

### EXECUÇÃO ESTRATÉGICA

- Alinhar e comunicar indicadores e metas.
- Desenvolver e implementar planos claros de execução.
- Estabelecer rituais para eficiência operacional.

## ⬆ uma importante reflexão final

No fechamento deste capítulo, vou convidar você a uma reflexão, reforçando o quanto é imprescindível que as empresas apliquem, agora, inteligência aos processos de gestão. É uma atitude para ontem. E digo isso porque, infelizmente, os empreendedores brasileiros pecam muito com relação a esse aspecto.

Existe, por sinal, uma diferença gritante entre a visão empreendedora brasileira e norte-americana, que saltou aos meus olhos trabalhando no mundo corporativo lá. O preparo e a disciplina deles é bastante superior. Isso além do entendimento de que a existência de processos e o estabelecimento de uma cultura organizacional fortalecida e focada em resultados facilitam tudo e catapultam o alcance de metas. Ressalvadas exceções, é claro, as empresas norte-americanas já nascem com esses princípios culturais norteadores.

**Daí a necessidade de você - como empresário, empreendedor, dono de negócio, administrador - investir na criação e implementação de uma cultura de resultados. Pare já com a ideia rasa de que processo é burocratização do negócio!**

Essa ainda é uma visão comum que precisa ser desfeita. A cultura é uma base essencial para qualquer negócio. E para além de ela ser voltada a resultados, como mencionei, é necessário que haja princípios sistemicamente aplicados no conjunto da organização. Todo e qualquer negócio precisa ter bem definidos os pilares a serem incorporados em seu dia a dia.

Portanto, empreendedor, defina os valores, a ideologia, o propósito da empresa. Tudo isso influencia diretamente a aplicação e a aplicabilidade da inteligência comercial direcionada a resultados.

Essa visão, que incorporei do empreendedorismo americano, garantiu grande aceitação ao meu trabalho, na volta ao Brasil, depois de atuar nos Estados Unidos. Eu trazia, na minha bagagem, experiência adquirida e comprovada em empresas mundialmente reconhecidas e encontrei empreendedores com o desejo de ver a empresa crescer e atingir novos patamares.

A estagnação os incomodava a tal ponto, que a minha chegada à gestão era uma oportunidade. Eles tinham certeza de que não dava mais para continuar fazendo o mesmo ou os resultados também permaneceriam iguais. Era preciso tentar algo novo e o meu know-how era "o diferente".

Uma das primeiras companhias brasileiras em que trabalhei, no retorno para cá, era uma empresa familiar da área de tecnologia que havia crescido bastante. Isso tinha acontecido porque o produto era realmente bom e eficaz, mas estava clara a falta de aplicação de inteligência comercial. E foi incrível perceber que, colocando em prática elementos que exploramos aqui neste capítulo, as vendas aumentaram muito, mas muito mais. Quando comecei a trabalhar na empresa, tínhamos 16 clientes. Em dois anos, aplicando a inteligência comercial aliada a um time coeso e sinérgico, chegamos a uma carteira de 150 clientes.

Também pudemos implementar e integrar o setor comercial com o setor de marketing, que funcionou muito bem. O negócio simplesmente decolou! Por isso eu insisto em dizer que, quanto mais sua estratégia comercial estiver conectada à tecnologia, com boas práticas e ferramentas eficientes, maior a chance de impulsionar as vendas, em níveis impressionantes.

Outra medida altamente eficaz foi a implantação do setor de pré-venda, que preparava o *prospect* para o contato com o vendedor. Ajudou muito o fato de os profissionais de vendas conseguirem se manter focados exclusivamente na apresentação e no fechamento dos negócios. O trabalho se tornou muito mais efetivo.

Depois foi a vez do pós-venda, ou sucesso do cliente, para fazermos acompanhamento da implementação de tudo o que foi negociado. Ou seja, rodamos uma estratégia completa de inteligência comercial, a partir de um processo de estruturação que você vai conferir, no passo a passo, no próximo capítulo. E foi assim que chegamos ao grande propósito da política comercial inteligente: entender e trabalhar melhor a jornada do cliente, buscando altos índices de satisfação.

E ao falar sobre isso, preciso trazer outro lembrete fundamental. Quanto antes você entender a importância do pós-venda, melhor. No que se vivencia com o cliente, depois da compra, está a entrega do valor. Esse é o momento para saber se o produto está atendendo às necessidades de quem consome, entendendo a chance de voltar a vender para o mesmo cliente e promovendo possíveis ajustes benéficos para a empresa e para o seu cliente.

Em outra empresa do ramo industrial em que trabalhei, nessa época de readaptação ao mercado brasileiro, o pós-venda ineficiente nos fazia perder muitos clientes. E o pior, só se fazia algo a respeito quando o prejuízo era devastador; ou seja, tarde demais. Então, tracei um caminho para entender por que havia tamanho prejuízo.

INTELIGÊNCIA QUE VENDE: A ROTA DAS ESTRATÉGIAS COMERCIAIS EXPONENCIAIS

Foi muito surpreendente notar que, em 98% dos casos de perda dos clientes, o problema poderia ter sido revertido com ações acertadas de pós-venda fundamentadas numa estratégia de marketing/comercial estruturada. Havia, por exemplo, situações em que esse acompanhamento da satisfação do cliente permitiria propor uma troca de produto que resgataria o bom relacionamento. Percebe como pode ser simples? E foi assim, ajustando os ponteiros da inteligência, que a companhia cresceu 252% em 4 anos.

Ao aplicar a inteligência de vendas, você alcança resultados como os que experimentei trabalhando na Puma, nos Estados Unidos. Em um ano, a loja em que atuava saltou da 104ª posição para o 4° lugar no ranking de vendas da marca. Isso é consequência natural do estabelecimento e da aplicação correta de processos. Da mesma forma, na Futurize, desde 2021, passamos de um faturamento de R$ 850.000,00 para um valor estimado em R$ 3.000.00,00, no ano de 2024, quando escrevo esta obra.

E agora, que você já domina os pilares nos quais deve investir para o seu negócio crescer dessa forma tão impressionante, venha comigo para o próximo capítulo, no qual vai entender a exata estruturação pela qual o seu departamento comercial precisa passar para ser inteligente.

# CAPÍTULO 3

# A execução da inteligência comercial

Antes de darmos um novo passo na direção de negócios que vivem a inteligência comercial, preciso dar os parabéns a você que veio comigo até aqui. Esse é um sinal de engajamento com sua carreira e seu negócio. Tenho certeza de que muitas decisões e redirecionamentos já surgiram pelo que o livro já entregou, em termos de domínio conceitual e dos pilares que fundamentam a inteligência comercial.

E chegou a hora de literalmente colocar a mão na massa. Neste capítulo, vamos entender ferramentas e processos que precisam ser direcionados para que a sua estratégia e as operações de vendas rodem a partir de um circuito inteligente.

Convido você a seguir essa trilha, acima de tudo, com foco em como trazer esses elementos para o cenário do seu departamento comercial. Essa postura é fundamental para que os resultados comecem a aparecer logo!

# ⬆ o fundamental funil de vendas

Um passo crucial e inicial que muita gente ignora é a construção de um funil de vendas assertivo. Trata-se uma representação gráfica do caminho que seu *prospect* percorre, desde a descoberta do seu produto/serviço até tornar-se cliente, realizando uma compra.

— André, mas quais e quantas são as etapas desse funil?

Essa é uma questão que até faz bastante sentido, mas para a qual se eu desse uma resposta exata poderia estar induzindo você ao erro. Não há um número exato de passos a percorrer no processo de prospecção e vendas. Isso vai depender das características de cada negócio. Como inspiração para uma boa definição do seu funil, trago seis etapas que são bastante comuns.

QUADRO 22 – ETAPAS

**Etapa 1**
Atração/Captação

**Etapa 2**
Qualificação

**Etapa 3**
Reunião agendada

**Etapa 4**
Reunião realizada

**Etapa 5**
Proposta Enviada

**Etapa 6**
Fechamento

FONTE: O AUTOR

A utilização de um funil de vendas como esse, com o apoio de uma plataforma de CRM, que você verá a seguir, traz inúmeras vantagens. Conhecer melhor seu processo de vendas e verificar quanto tempo o prospecto passou em cada etapa do funil são alguns desses pontos fortes. Com isso, fica muito mais fácil ter insights sobre gargalos e perdas de vendas até então imperceptíveis.

QUADRO 23 - AMPULHETA X FUNIL

## ampulheta x funil

Uma dúvida muito comum, quando se fala nessas ferramentas de acompanhamento da jornada de prospecção, é a diferença entre o funil e a ampulheta de vendas. Então, vamos conversar sobre isso.

Eu costumo dizer que a ampulheta encara cada venda como recomeço do processo, sendo, por isso, formada por dois funis: o de venda – que já vimos – mais um funil invertido, monitorando a conexão com o cliente e sua satisfação.

Esse segundo funil começa com a compra do seu produto ou serviço, acompanha instalação ou implantação, satisfação com a aquisição e a criação de relacionamento com esse cliente que volta a comprar, prefere e indica sem medo a sua marca ou serviço. Na imagem a seguir, que mostra as etapas adicionadas ao funil de vendas para montar a ampulheta, fica claro como isso funciona!

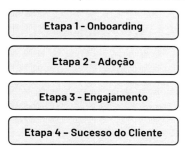

A ampulheta não busca só clientes e efetivar vendas. Ela busca embaixadores, clientes apaixonados que não só compram, mas que também defendem, promovem e divulgam a marca/serviço. Perceba que esta é a forma mais barata e eficiente de marketing, a indicação por alguém de confiança.

FONTE: O AUTOR

# ⬆ Aliás, a gestão de relacionamento jamais pode ser esquecida

Por isso, também é imprescindível adotar uma boa ferramenta de CRM. Com isso, gera-se alinhamento entre tecnologia e processo de vendas, que, como você já sabe, é um ponto crucial da dinâmica comercial inteligente.

Com um bom CRM, você estrutura de fato o seu funil de vendas, centralizando e controlando todas as informações sobre suas vendas. Isso em se considerando todo o caminho que vai do início da negociação até o fechamento do contrato, inclusive mensurando quanto tempo o cliente fica em cada etapa do funil.

Há no mercado diversas plataformas, gratuitas ou pagas, que dão bom suporte à gestão de relacionamento. Recomendo quatro delas, que têm versões pagas e gratuitas: a RD CRM, a Hubspot, Pipedrive e a Zoho, sempre lembrando que sua opção deve levar em conta as necessidades específicas do seu processo de vendas.

As plataformas de relacionamento com o cliente entregam outro critério do qual a gestão moderna não pode abrir mão: a inteligência de dados. Você tem um amplo conjunto de informações disponíveis num único clique, com perspectivas de acessar referências individualizadas sobre cada possível cliente.

Muitas dessas plataformas permitem a integração de seus sistemas com provedores de e-mails, ou seja, todo contato feito via correio eletrônico ficará registrado. Você também pode armazenar suas pesquisas de satisfação e avaliação do Net Promoter Score (NPS), gerando relatórios que favorecem demais os processos decisórios.

Por meio desses documentos, a área comercial monitora aspectos como produtividade da equipe, taxa de conversão e os processos de venda sem sequência. É a possibilidade clara de analisar o que está sendo feito, enxergar e corrigir pontos falhos do seu processo, com direcionamento e feedbacks mais precisos à equipe.

## ⬆ Integração deixa tudo ainda melhor

Quando já existe um funil de vendas adequado rodando, com o suporte de um CRM bem alimentado, para processos de análise estruturados, o próximo passo é integrar a automação de marketing ao CRM. Com isso, estratégias de marketing e comerciais estarão unificadas e a chance de alcançar prospectos mais qualificados aumenta demais.

E digo ainda mais. Esse olhar integrado permite entender em qual canal estão sendo encontrados os melhores clientes e o que cada ponto de contato oferece ao seu negócio. Com o CRM e o marketing integrados, os dois departamentos trabalharão conjuntamente em prol do mesmo resultado, possibilitando aumento nos resultados, receita e produtividade. Falamos, novamente, na gestão comercial que ganha vantagem competitiva, favorecendo as decisões inteligentes, estratégicas e calçadas em dados concretos.

## ⬆ A engrenagem de gestão precisa estar ajustada

Até aqui tratamos de elementos que permitem a captura e o tratamento de informações, de forma a impulsionar a competitividade e a inteligência de um departamento comercial. Mas lembre-se: nada disso trará os resultados pretendidos sem uma gestão bem planejada e uma operacionalidade eficaz.

Vamos, então, aos princípios de gerenciamento que precisam ser observados para a construção de um processo comercial de fato inteligente.

## GESTÃO PARTICIPATIVA E AMBIDESTRA

Para começar a tratar desses fatores, preciso chamar atenção para a importância do engajamento. Sem ele, nem o melhor processo de vendas vai funcionar. Por isso, se torna tão interessante e importante investir em uma gestão participativa, um conceito para o qual encontrei uma definição bem interessante no blog da Rock Content[16]:

> Na prática, podemos descrever esse modelo de gestão como um estilo de liderança fundamentado em sólidos atributos, como colaboração, confiança e liberdade. Os profissionais se sentem como parte de um projeto e atuam no sentido de impulsioná-lo. Todos estão dispostos a dividir suas ideias, estudar prováveis obstáculos, desenvolver soluções inovadoras, entre outros.

A gestão participativa significa toda a equipe analisando situações, propondo soluções, vestindo a camisa da empresa. É a melhor forma de construir um time engajado com os propósitos e as estratégias também definidos por todos, criando sinergia entre os membros e ações das quais todos participam.

Já não faz muito sentido, nos tempos atuais, que todas as decisões estejam centralizadas em uma única pessoa. Até porque ninguém é detentor absoluto do conhecimento que leva as melhores decisões. Ou seja, é na sinergia entre os cola-

---

[16] GESTÃO participativa: o que é, como aplicar e benefícios. **Rock Content**, [s. l.], 2024. Disponível em: https://rockcontent.com/br/blog/gestao-participativa/. Acesso em: 23 mar. 2024.

boradores de cada setor que serão encontradas as soluções que podem alavancar a área comercial e a empresa como um todo. Esse é o grande ganho com o efetivo investimento em gestão participativa.

QUADRO 24 - GESTÃO PARTICIPATIVA NA PRÁTICA

## Gestão participativa na prática

Algumas ações pontuais e sem grande complexidade ajudam demais a construir essa estrutura colaborativa.

- Aja no sentido de reforçar o quão fundamental é o desenvolvimento de uma cultura pautada em números e resultados.
- Crie oportunidades para discutir dados e metas, em reuniões objetivas, práticas e focadas no resultado a ser atingido. As ferramentas de gestão visual também ajudam demais no desenvolvimento desse ambiente.
- Defina a rotatividade na elaboração e apresentação dos resultados. Além de gerar engajamento, senso de pertencimento, valorização e comprometimento com a empresa, você chama os membros da equipe à análise crítica, à avaliação de desempenho do setor e à apresentação de soluções para os pontos de melhoria.
- Invista no que eu chamo de plano de desenvolvimento individual. No fim ou início do ano, sente-se com cada membro da equipe por uma hora e trace com eles um plano pessoal focado na evolução pessoal e profissional, levando em consideração os objetivos de carreira e vida. Desse momento extraem-se insights valiosos – por exemplo, hábitos a serem reforçados, como o da leitura, e mudanças necessárias para realinhamento da rota.

FONTE: O AUTOR

Outro conceito altamente relevante, que, de certa forma, vem na carona da gestão participativa é o de ambidestria. A condução de equipes ambidestras tem a ver, basicamente, com a promoção de equilíbrio entre uma operação que flui de forma eficiente, a partir de processos bem equacionados, e o espaço para acolher a inovação.

É algo que pode até parecer fácil, mas na prática se torna desafiador. Em geral, ou os negócios focam no aprimoramento operacional ou na inovação. Mas quando se constrói um ambiente participativo, automaticamente a ambidestria está favorecida. E isso é crucial para que as empresas estejam preparadas para a alta competitividade do mundo corporativo dos dias de hoje e não podem abrir mão dela.

Investir em gestão participativa e ambidestra é apostar na cultura de resultados e no alinhamento com o que é tendência. Esses quesitos são a base de uma cultura organizacional pautada por relações sólidas, em que há confiança e transparência para abordar criticamente os números e propor melhorias de forma aberta e transparente.

Trata-se de estabelecer planos de ação coletivos e engajados para alcançar os resultados coletivamente, abraçando a inovação como parceira nesse processo. E tudo isso fará do seu negócio um chamariz para protagonistas – pessoas com o sentimento de dono e postura resolutiva.

## RITUAIS DE ALINHAMENTO

Para que tudo isso se concretize, é crucial uma rotina de acompanhamento, com os rituais de alinhamento que eu já defendi por aqui. São momentos em que a equipe avalia o trabalho e o cumprimento de objetivos e metas. Mas atenção! Fuja das reuniões de justificativas! O foco é apresentar resultados e planos futuros.

Uma vez que você tenha definido como se darão essas reuniões, elas precisam acontecer, é um compromisso inegociável para todo o time, devendo ser assumido com responsabilidade, constância e pontualidade.

QUADRO 25 - DICAS PARA SEUS RITUAIS DE ALINHAMENTO

## · Dicas para os seus rituais de alinhamento

- Eu sugiro que haja reuniões semanais do time comercial. É a hora de abordar as metas e indicadores de cada colaborador, que terá de 3 a 5 minutos para compartilhar experiências e projetar atividades. Se o seu time for muito grande, obviamente fica difícil ouvir todos em uma única reunião, mas você pode elencar os colaboradores que falarão a cada reunião, fazendo rodízio entre eles e, ainda, definir com quais você falará naquela semana, como em uma espécie de mentoria individual.

- Você também pode incluir como ritual a apresentação de resultados mensal.

- Da mesma forma, é válida a reunião trimestral para que sejam apresentados os resultados globais da empresa para os colaboradores. Esse alinhamento trimestral é extremamente importante. Não só para que todos estejam cientes dos resultados alcançados, mas também sobre quais os próximos passos a serem dados, quais correções são necessárias. Tendo sempre em mente a dinamicidade do mercado, que requer um acompanhamento mais próximo, mais efetivo, com reavaliações de planejamento estratégico e/ou operacional.

E lembre-se!

Cultura empresarial e inteligência comercial são consequência de seguir à risca os ritos escolhidos, com a reavaliação constante do "onde estávamos", "onde chegamos" e "onde queremos ir". Portanto, não abra mão de traçar os seus!

FONTE: O AUTOR

# ⬆ Diversificar canais é preciso!

Para garantir a sobrevivência das empresas, nesses tempos de concorrência cada dia mais preparada e competitiva, ter vários canais de aquisição não é uma mera questão de escolha. Os autores Gabriel Weinberg e Justin Mares, em seu livro *Tração*[17], explicam bem o porquê.

> Definitivamente não dá mais para esperar que o cliente precise do seu produto/serviço, saia em busca de quem possa resolver o problema dele, te descubra e venha atrás de você com certeza do negócio. Esse é o caminho certo para a falência.

Por esse viés, quanto mais diferente do coleguinha você for, melhor. Ou seja, a regra é experimentar o novo e apostar no que os outros ainda não estão fazendo. É muito interessante esse tópico porque tendemos a copiar as estratégias dos concorrentes. Ou seja, acabamos fazendo mais do mesmo. Nos igualamos quando, na verdade, se faz necessário investir na unicidade do seu negócio, do seu serviço; naquilo que, de fato, é seu diferencial de mercado.

E isso vale para as estratégias voltadas à aquisição de clientes. Nem todo canal funciona para todo mundo ou para sempre. Você vai precisar experimentar ao longo do caminho, trocando o canal, experimentando outros, para que seu crescimento esteja sempre acontecendo.

Por isso, eu indico fortemente que você abandone medos e preconceitos, considerando os canais ou formas de tração que a sua concorrência não esteja usando. Tenha em mente que o consumidor cansa quando todos os negócios de um segmento utilizam os mesmos canais e estratégias. Estar de

---

[17] WEINBERG, Gabriel; MARES, Justin. **Tração**: domine os 19 canais que uma startup usa para atingir aumento exponencial em sua base de clientes. 1. ed. Rio de Janeiro: Alta Books, 2020.

olho em possibilidades que ainda não foram experimentadas, ou naquelas práticas há algum tempo abandonadas, pode ser uma forma brilhante de tração.

Os autores de *Tração* nos conduzem, durante o livro, a algumas conclusões que combinam muito com as percepções que minha trajetória me trouxe e compartilho nesta obra:

> [...] em geral, os empreendedores só pensam em usar canais de tração que já conhecem ou que acham que deveriam usar por causa da natureza do produto ou da empresa que criaram.
>
> [...] é difícil prever que canal de tração surtirá mais efeito.[18]

## VAMOS ENTENDER UM POUCO MELHOR?

Para compreendermos melhor essas premissas, vou aprofundar um pouco a abordagem em torno do conceito de tração. Em princípio essa ideia nos remete a uma força que faz um objeto se deslocar, se movimentar. Podemos, grosso modo, dizer que é o ato de puxar ou arrastar um objeto em qualquer direção.

O que seria, então, a tração comercial? Na área de vendas, esse termo está relacionado às ações que colocam e mantêm um negócio no caminho de suas metas e, principalmente, do crescimento. Em geral, aplicamos tração comercial para alcançar mais clientes, mais vendas, mais satisfação, num ciclo mercadológico que adquire, avalia e valida os meios de aquisição dos clientes, por tabela melhorando o próprio produto.

---

[18] *Ibidem.*

O erro que muitos empreendedores cometem, visando ganhar esse impulso, é sair atirando para todos os lados. Não faça isso, de jeito nenhum. Antes de mais nada, é importante definir o que é tração para a sua empresa e definir uma meta a atingir com a aplicação das ações dessa linha.

Nesse sentido, o estabelecimento de indicadores concretos e métricas de monitoramento dos resultados são fundamentais. Você precisa saber responder a perguntas como: quantos clientes devo conquistar? Qual percentual de crescimento busco atingir?

QUADRO 26 – NADA COMO UMA METODOLOGIA A SEGUIR

## Nada como uma metodologia a seguir

A boa notícia é que chegar a esse nível de refinamento se torna muito plausível tendo um método como ponto de partida. E aqui surge outra grande contribuição da obra *Tração*, que guia a linha conceitual deste capítulo.

Os autores desenvolveram o método *Bullseye*, nome que pode ser traduzido livremente para o português como alvo. É um caminho para a escolha dos canais ou formas de tração que melhor atendem a cada negócio, em suas particularidades.

A representação gráfica que trago em seguida, a partir de círculos concêntricos, torna mais clara a proposta.

FONTE: O AUTOR

QUADRO 27 - TRAÇÃO

Observe que:
- no círculo maior estão todos os canais que você pode escolher;
- no círculo do meio estão aqueles que você testará, com o objetivo de encontrar o canal mais promissor.

Esses testes devem medir fatores como:
- custo de aquisição pelo canal;
- quantos clientes pode conseguir;
- se esses clientes são os clientes certos para esta etapa do processo.

Agora você conhece o canal que merece total foco. No círculo menor está seu alvo. Essa é a estratégia a testar e aprimorar constante e consistentemente, visando ao melhor resultado possível.

Isso, é claro, sem esquecer de que esse processo deve ser dinâmico. Ou seja, novos canais e testes jamais devem ser deixados de lado, OK?

O ponto forte da metodologia *Bullseye* é a definição clara do canal no qual concentrar esforços. Você encontra o que os autores chamam de *critical path* – caminho crítico. Falamos da rota mais curta e direta para atingir a meta de tração de qualquer negócio, sem perder de vista que ela:
- depende do perfil e das características do seu negócio;
- deve ser definida com cuidado e estar alinhada com a estratégia comercial como um todo, bem como seguir um conjunto de passos, com marcos e métricas de análise sistemática e passíveis de revisão crítica;
- uma vez alcançada, precisa mudar radicalmente a situação da empresa. E aqui entram em jogo questões como sair do vermelho ou atingir liderança de mercado, por exemplo.

FONTE: O AUTOR

## TRAÇÃO COMERCIAL EM 15 POSSIBILIDADES

De nada adiantaria você conhecer o fundamento da tração comercial, o mindset necessário para aplicá-lo na sua operação de vendas, a metodologia *Bullseye* e o conceito de *critical path* se eu não abordar os principais pontos de tração comercial que podem impulsionar suas vendas. Trata-se de compor nosso primeiro círculo, em direção ao alvo.

Como base para essa seção fundamental, mais uma vez recorro à obra *Tração*, que é superalinhada à noção de inteligência comercial que defendo aqui neste livro. Vamos lá?

### 1. Blogs e canais online especializados

Os blogs de interesse do seu *prospect* ou possível cliente são extremamente interessantes na primeira fase da tração. Esses canais ajudarão a encontrar a primeira leva de clientes. Escrever um artigo sobre sua atividade, mostrar seu conhecimento e sua expertise como autor convidado é uma das melhores estratégias.

O patrocínio aos melhores blogs da área é outra possibilidade interessante. Nesses tempos de alta do marketing de influência, também valem as parcerias com bons influenciadores que conversem bem diretamente com seu público.

### 2. Publicidade convencional ou offline

Aqui se encaixam ações tradicionais em veículos de comunicação como rádio, TV, jornais e revistas. São canais caros, se comparados a blogs, redes sociais, sites, além de muito disputados. Mas é uma estratégia que pode fazer sentido para alguns negócios.

Uma excelente dica, em se tratando de divulgação convencional, é a assessoria de imprensa, chamando a atenção dos jornalistas para um feito extraordinário, uma grande parceria ou alguma pesquisa relevante que envolva a sua marca. Esses são ganchos interessantes para a mídia espontânea.

Mas é essencial despertar no público uma reação emocional, a começar pela pessoa que recebe sua proposta de divulgação. Então, use uma narrativa envolvente, despertando o desejo de compartilhar a novidade que você traz. É uma estratégia que exige, ainda, manutenção constante de contato com jornalistas.

QUADRO 28 – SOBRE COMO UTILIZAR ESSAS FERRAMENTAS!

# para virar notícia

Conte sua história:
- em sites importantes para o seu segmento, inclusive escrevendo em blogs interessantes;
- nas suas redes sociais (para criar consciência de marca);
- utilizando *social ads*, os anúncios online;
- estando em contato com jornalistas e influenciadores do setor, para compartilhar novidades e sugerir entrevistas sobre você e o seu negócio.

FONTE: O AUTOR

A contratação de profissionais ou empresas especializadas em assessoria de imprensa ou relações públicas facilita esse trabalho, quando for possível destinar orçamento para tal. O mesmo vale para o investimento em um estrategista de marcas e nos serviços profissionais de social media e produção audiovisual. É um mix que ajuda a explorar melhor os potenciais da divulgação tradicional, sempre com a devida avaliação do que cabe para o seu caso específico.

### 3. Ações não convencionais de relações públicas

Como o próprio nome já diz, essa é uma aposta no novo, no inusitado, que, geralmente, acontece de duas formas. A primeira, comumente chamada de golpe de publicidade, é literalmente fazer qualquer coisa para atrair a atenção da mídia.

A outra é apostar na valorização do cliente! Já venho batendo nessa tecla de várias formas e em todos os capítulos deste livro, mas é importante reforçar. Pode parecer inacreditável, mas pequenos gestos, como um bilhete escrito à mão entregue com o produto, podem transformar seu cliente em embaixador da sua empresa, alguém que defende, propaga e auxilia no crescimento da marca, reforçando sua imagem e história.

No mundo conectado e compartilhável em que vivemos, o cliente que recebe tratamento vip comenta a ação e indica o produto ou serviço para pessoas conhecidas e que confiam nele. É o famoso boca a boca, a melhor e mais barata publicidade que existe. E, de quebra, você estará automaticamente investindo na experiência positiva do cliente, tão fundamental para o consumo 4.0.

QUADRO 29 - COMO USAR ESTE CANAL?

---

## como usar este canal?

Faça algo que seja barato, inusitado, divertido, ousado.

Busque formas de encantar seu cliente.

Aprenda a lidar com erros. Eles fazem parte do aprendizado.

---

FONTE: O AUTOR

### 4. Marketing de busca

Essa terminologia está relacionada a um melhor posicionamento das marcas em sites como o Google. Temos duas frentes com esse direcionamento.

- *Search Engine Optimization – SEM*

São os famosos links patrocinados. As práticas de *Search Engine Marketing* permitem que o anunciante vincule sua divulgação aos termos que mais vêm sendo pesquisados pelas pessoas, no universo do seu segmento. Um massagista pode associar seu anúncio a "dor", "cansaço" e "fadiga", por exemplo. Quando alguém busca essas palavras, o link pago aparece dentre as primeiras opções e o anunciante só paga quando as pessoas efetivamente clicam no anúncio.

É uma excelente forma de tração para empresas com venda direta. Afinal, as pessoas que clicaram no seu link, via de regra, serão aquelas que já estão buscando uma solução para o problema que você resolve.

Hoje, a principal ferramenta de SEM é o Google Adwords. Outro detalhe importante é que, quanto maior a palavra-chave, menores o volume de busca e a competitividade.

QUADRO 30 – CONCEITOS DE SEM QUE VOCÊ PRECISA DOMINAR

## conceitos de SEM que você precisa dominar

- **CTR ou taxa de cliques (click-through)** – proporção entre as pessoas que clicam no anúncio e aquelas que o visualizam.
- **CPC ou custo por clique** – valor pago por cada clique.
- **CPA ou custo por aquisição** – custo para adquirir um cliente.
- **Taxa de conversão** – é o percentual que indica quantas pessoas fizeram o que você queria.
- **Campanha** – grupo de anúncios atrelados às palavras-chave que serão testados e aprimorados.

FONTE: O AUTOR

- *Search Engine Optimization – SEO*

Esse conceito está relacionado a melhorar, organicamente, o posicionamento nas páginas de busca, visando atrair mais pessoas para o seu site. É uma estratégia concorrida, mas muito interessante, inclusive por potencializar outras ações de tração.

QUADRO 31 – ALGUMAS PRÁTICAS DE SEO

## Algumas práticas certeiras de SEO

- Produza conteúdos de qualidade no seu blog ou site. Isso favorece o melhor posicionamento.

- Pesquise os interesses dos seus possíveis clientes. Há ferramentas, como o Google Trends, que permitem analisar buscas em alta. Assim, você vai saber o que está chamando a atenção especificamente no seu segmento.

- Dessa forma, vai ficar fácil definir as palavras-chave que vão guiar a escolha de assuntos e a produção de textos do seu blog, por exemplo. Elas se dividem em duas categorias fundamentais:

  - *Fat head* – são as mais simples, amplas, diretas e buscadas e devem compor uns 30% da sua estratégia. Exemplos: "dor", "mecânica", "fast-food", "comida",

  - *Long tail* – são mais específicas e efetivas, por exemplo: "dor de cabeça", "revisão veicular", "mecânica volvo", "culinária japonesa", "dor aguda na cabeça", "pontadas na cabeça". Devem direcionar um percentual mais significativo dos esforços por serem menos competitivas, tendendo a melhores resultados.

- Foque em gerar links. Isso vale tanto para os conteúdos internos do seu site – fazendo com que o usuário navegue mais por ele – quanto para outros sites de referência no mercado.

FONTE: O AUTOR

## 5. Marketing de conteúdo

E quando se fala em SEO, não há como deixar de lado a linha conceitual que guia as boas práticas de otimização de busca. É o marketing de conteúdo, que tem foco em gerar valor disponibilizando informação de qualidade, em e-books, infográficos, textos para blog e assim por diante.

Esse tipo de marketing posiciona a marca como autoridade na área, por consequência ampliando visibilidade. Isso sem contar a potencialização indireta de outros canais de tração, como publicidade, e-mail marketing, eventos, entre outros.

QUADRO 32 - LEMBRETES IMPORTANTES

# Lembretes importantes

- Se optar por criar um blog, alimente-o com conteúdo por pelo menos seis meses.
- É fundamental que qualquer conteúdo, independentemente do formato, seja criativo, profundo e original.
- Esse é o real caminho para um negócio com posicionamento e imagem fortalecidos pelo marketing de conteúdo.

FONTE: O AUTOR

## 6. E-mail marketing

Como o próprio nome já diz, trata-se de aproveitar o e-mail como ferramenta de comunicação e divulgação, a partir de newsletters e conteúdos promocionais, por exemplo.

É um canal que traz melhores resultados quando a mensagem é personalizada. Essa aposta faz sua estratégia se diferenciar do mero disparo de e-mails para listas, que acaba se configurando como spam. Uma das vantagens das ações de e-mail marketing é que elas são legítimos coringas, podendo ser utilizadas para diferentes momentos e objetivos – seja prospecção, ativação, retenção de clientes, obtenção de receita, entre tantos outros.

Um alerta para lá de importante: crie suas próprias listas de contatos. Comprar e-mails é um caminho nada inteligente ou eficiente. Para a formação das listas de pessoas que receberão suas mensagens, preocupe-se, antes de mais nada, em obter permissão. Os formulários que a própria pessoa interessada preenche, fornecendo seus dados de livre e espontânea vontade, são um excelente caminho. Como recompensa, é superválido oferecer um conteúdo valioso e gratuito, gerando reciprocidade e bom relacionamento.

QUADRO 33 – ACERTANDO NO E-MAIL MARKETING

## Acertando no e-mail marketing

- Personalize sua mensagem no e-mail.
- Faça uma lista de clientes em potencial.
- Crie sequência automatizada de e-mails.
- Use ferramentas para testar e otimizar suas campanhas.

FONTE: O AUTOR

### 7. *Social Ads e Display Ads*

*Social Ads* são anúncios veiculados nas redes sociais; uma ferramenta muito interessante para manter sua marca e produtos na mente das pessoas. Esses canais têm movimentado bilhões de dólares em campanhas promocionais Afinal, se mostram versáteis e adaptáveis para diversas finalidades, criando público, promovendo interação e convertendo clientes.

QUADRO 34 – NÚMEROS QUE IMPRESSIONAM

# Números que impressionam

Para se ter ideia da importância das estratégias da linha de *Social Ads*, veja o alcance de algumas das mais reconhecidas redes sociais, em 2024:

- **LinkedIn** – mais de 250 milhões de usuários.
- **X** (antigo Twitter) – cerca de 250 milhões de usuários.
- **Facebook** – mais de 1 bilhão de usuários ativos.
- **StumbleUpon** – mais de 25 milhões de usuários em busca de conteúdo de qualidade. Pode-se dizer que é a mistura perfeita entre *Social Ads* e blogs.
- **Foursquare** – mais de 45 milhões de usuários.
- **Tumblr** – mais de 100 milhões de usuários em busca de conteúdo de qualidade.
- **Reddit** – mais de 5 bilhões de usuários.
- **Youtube** – com mais de 1 bilhão de usuários.

Esses canais são importantes para que as pessoas fiquem sabendo de seu produto ou serviço, mesmo que não estejam diretamente interessadas. E um detalhe interessante é que há redes de nichos que agregam sites menores, como a *The Deck* e a *BuySellAds*.

FONTE: O AUTOR

Já os *Display Ads* são aqueles banners e *pop-ups* que aparecem nos sites, em espaços vendidos aos anunciantes. As ferramentas para configurá-los permitem diferentes formatos e categorias de anúncio, sendo altamente eficazes para a divulgação do seu negócio.

## 8. Marketing viral

Esse é um conceito que aposta na produção de conteúdos atrativos a ponto de serem altamente compartilhados, em ritmo exponencial.

Este é um canal de difícil sustentação ao longo do tempo porque não é possível prever, com certeza, o que irá viralizar e por quanto tempo essa viralização persiste, mas quando se consegue fazer funcionar um *loop* viral, este atrai muitos clientes a custo baixo de aquisição.

E a ideia de *loop* viral também está relacionada ao fechamento de contratos com menor esforço. Imagine se cada cliente seu indica um amigo que vira cliente e sugere seu produto ou serviço para outro amigo e assim sucessivamente. Incrível, não é mesmo?

QUADRO 35 – *LOOP* VIRAL É PROCESSO

## *Loop* viral é processo

- Um cliente tem contato com seu produto e serviço.
- Esse cliente fala do seu produto e serviços para outros possíveis clientes.
- Essas pessoas têm contato com seu produto ou serviços. Algumas delas viram clientes, outras não.
- Os que viram clientes falam de seus produtos e serviços para outros potenciais clientes.

É um circuito positivo que se retroalimenta.

Para saber se seu produto está perto ou longe de viralizar, use a fórmula:

$$K = i * C\%$$

em que:

K = número de clientes adicionais que cada cliente pode trazer;

i = número de convites enviados por usuário;

C% = percentual de conversão, considerando os clientes que se cadastram após receberem o convite que seu cliente enviou.

FONTE: O AUTOR

## 9. Engenharia como marketing

A base dessa visão é incorporar ao produto ferramentas e recursos que o façam chegar a mais pessoas, ampliando a base de prospecção e fechamento de negócios. Falamos de recursos como *widgets* e microsites educacionáis, apenas para citar algumas possibilidades.

Veja o exemplo da HubSpot, que, fundamentalmente, é uma plataforma para automação de marketing. Parte do alto faturamento e êxito da empresa se deve a uma funcionalidade disponível gratuitamente. É o marketing *grader* que permite a possíveis clientes avaliarem sua estratégia de marketing.

É um ganha-ganha. Quem usa a aplicação gera insights para a política de marketing e a HubSpot conta com um gerador de leads para o próprio funil. Afinal, quem tem interesse em analisar suas campanhas, redes sociais e sites é um potencial cliente para o produto que a HubSpot vende.

## 10. *Business Development (BD)*

Você já deve ter ouvido falar que networking vale mais do que dinheiro, certo? De fato, o estabelecimento de boas alianças é elemento central de estratégias comerciais inteligentes. Basta lembrar que casos como o do Google, cujo destaque atual tem tudo a ver com parcerias criadas lá no começo, com a Netscape Navigator e o Yahoo!

O BD requer foco, atenção e disciplina, mas pode ser um canal decisivo em qualquer fase do negócio. Para ter bons resultados, é importante que você siga alguns conselhos importantes:

- busque parcerias que sejam benéficas para todas as partes;
- não perca as métricas de vista;
- seja estratégico e analise vários possíveis parceiros antes de fechar contrato.

QUADRO 36 – PRINCIPAIS FORMATOS DE BD

## principais formatos de BD

- *Parceria tradicional* – duas empresas unem forças para melhorar seus produtos;
- *Joint Venture* – duas empresas trabalham juntas para desenvolverem um produto totalmente novo;
- *Licenciamento* – é quando uma marca forte cede direitos de uso para outra;
- *Acordos de distribuição* – uma empresa, em troca do acesso a potenciais clientes, fornece produto ou serviço. Exemplo: Groupon;
- *Parcerias de fornecimento* – serve para assegurar o fornecimento de matéria-prima essencial a determinado produto.

FONTE: O AUTOR

## 11. Vendas

Num livro que aborda inteligência comercial, esse canal para o fechamento de negócios não poderia ficar de fora. Durante toda esta obra, estamos entendendo que vender é um processo para gerar e qualificar leads, de forma a convertê-los em clientes. Quando o objetivo é escalar, é imprescindível criar um modelo de vendas que seja replicável.

Uma excelente base é o método SPIN Selling, sistematizado por Neil Rackham[19], que consiste basicamente em fazer perguntas na ordem certa. Isso cria um mecanismo dinâmico no qual o *prospect*, enquanto responde a questões, ou provocações apresentadas, automaticamente reflete sobre o problema que possui e a solução que seu produto ou serviço representa. O quadro a seguir ilustra bem esse processo.

QUADRO 37 – MÉTODO SPIN SELLING

**MÉTODO SPIN SELLING**
**- NEIL RACKHAM -**

Inicie seu processo de vendas com essas 4 classes de perguntas em ordem:

**SITUAÇÃO**
- Te permitem entender o contexto do prospect. Exemplo: "Qual a estrutura da sua empresa?"

**PROBLEMA**
- Expõe os pontos críticos do prospect. Exemplo: "Que dificuldade a solução atual cria?"

**IMPLICAÇÃO**
- Chamam o prospect à reflexão. Exemplo: "Essa falha interfere na sua produtividade?"

**NECESSIDADE DA SOLUÇÃO**
- Levam a atenção do prospect para os benefícios da solução. Exemplo: "Como acha que essa solução o auxiliaria?"

FONTE: O AUTOR

Percorrendo esses quatro passos, você compreende o problema do seu cliente e está seguro de que o seu produto ou serviço resolve essa dor. É o momento mirar no fechamento do negócio, entendendo:

---

[19] RACKHAM, Neil. **SPIN Selling**. New York: McGraw-Hill Education, 1988 *apud* WEINBERG; MARES, 2020.

- Como o possível cliente compra soluções parecidas com a sua?
- Quem é a autoridade, a pessoa com poder para fechar a compra?
- Há recursos para comprar a sua solução?
- Qual o tempo necessário para tomar uma decisão?

QUADRO 38 – LEMBRETES IMPORTANTES

---

## Lembretes importantes!

- Não descarte o público frio logo de cara.
- Elabore um modelo de vendas replicável.
- Comprometa o *prospect* a decidir a compra.
- Não perca de vista a perspectiva do cliente.

---

FONTE: O AUTOR

## 12. Programas de afiliados

Nessa modalidade, você investe em pessoas ou empresas para fechar vendas ou conseguir leads qualificados. Você pode usar uma rede de afiliados já existente ou criar um programa específico.

A ideia aqui é que o recurso do próprio produto seja moeda de troca. É possível, inclusive, utilizar a base de clientes já existente para desenvolver uma política interna de afiliação, dando o primeiro passo para a consolidação dessa estratégia.

E lembre-se! Neste canal você paga por lead ou venda, então deve estar bem ciente do quanto está disposto a pagar por eles.

## 13. Eventos presenciais

Quando tudo se resolve online, essa possibilidade pode até parecer ultrapassada, mas engana-se quem pensa assim. Eventos presenciais são uma excelente forma de tração, sejam pequenos ou grandes, estando você como patrocinador ou organizador. É um canal tão versátil que serve tanto para empresas pequenas fazerem-se conhecidas como para as grandes demonstrarem sua força e posição no mercado.

E não me refiro apenas a iniciativas impactantes. Digamos que você é o CEO de uma startup que oferece uma solução para sujeira em obras, que tal chamar três construtoras da sua cidade para debater o assunto e trazer insights para atender melhor às demandas do mercado? Esses pequenos eventos colocam seu negócio de cara com *prospects* e permitem entender suas necessidades e dores, bebendo diretamente da fonte.

Da mesma forma, eventos corporativos como as feiras de negócios são oportunidades de conectar clientes e produtos e devem continuar sendo muito bem aproveitados para apresentar novidades, conquistar clientes, fechar parcerias e efetuar vendas. Eu sugiro que você organize uma lista de eventos que possam ser interessantes para o seu negócio, como primeiro passo.

A partir daí, para decidir se vale a pena ou não estar presente, participe primeiro como visitante. Assim, você sonda os expositores, percebe o público e toma a decisão com mais segurança.

QUADRO 39 – PARA APROVEITAR AS FEIRAS DE NEGÓCIOS

## Para aproveitar as feiras de negócios

- Tenha em mente o objetivo ao participar do evento.
- Considere as questões orçamentárias, levando em consideração quanto a empresa pode gastar e qual a meta de resultado pretendida.
- Tenha em mãos uma lista das pessoas que gostaria de encontrar no evento e, se possível, agende previamente a conversa com elas.
- Durante o evento, dialogue com editores de publicações, blogueiros de que você goste e estejam alinhados com a sua empresa, clientes atuais e potenciais, fornecedores, concorrentes e parceiros. Networking é palavra de ordem.

FONTE: O AUTOR

### 14.Palestras

Ainda na linha dos eventos, vale a pena destacar o potencial que têm as palestras como parte da sua política para captação de clientes, sejam elas virtuais ou ao vivo. Você pode começar com palestras gratuitas para pequenos grupos de clientes em potencial ou parceiros.

Há muitos meios pelos quais você pode melhorar sua fala, sua oratória, sua presença e confiança. Mas o principal deles é começar. E você pode começar discursando em pequenos eventos. Arriscar-se a palestrar vai melhorar inclusive suas habilidades como gestor. E não só eu o único a dizer isso. Mark Zuckerberg já chegou à mesma conclusão.

Encontrar pessoas que desejam ouvir você sempre será uma chance de gerar tração para o negócio, principalmente em se tratando do cenário B2B. Você vai, no mínimo, construir relacionamentos interessantes. Melhor ainda se houver a possibilidade do *pitch* de vendas.

QUADRO 40 – QUANDO FOR PALESTRAR EM EVENTOS CORPORATIVOS

# Quando for convidado para palestrar em eventos corporativos

- Tenha ideias boas e alinhadas com o evento e sua expertise.
- Entre no radar dos organizadores e pergunte quais temas gostariam de ver abordados.
- Saiba que cada evento tem público próprio e respeite essas características.
- Domine o tema e envie sua proposta com antecedência.
- Conte histórias! Seja interessante e cativante.
- Lembre-se de trazer o público da palestra para suas redes sociais, pedindo que comentem aquilo de que mais gostaram e compartilhem o que fizer sentido.

FONTE: O AUTOR

## 15. Mire em ter fãs

É fundamental criar comunidade e desenvolver laços com seus clientes, interagindo com eles e gerando boa experiência de consumo. Isso torna plausível o sonho de qualquer empresa: fazer dos clientes seus embaixadores de marca. É um caminho que exige, acima de tudo, senso de pertencimento.

QUADRO 41 - PARA TRANSFORMAR CLIENTES EM FÃS

# para transformar clientes em fãs

- Relacione-se com seu público, incentivando pertencimento e senso de comunidade.
- Gere identificação, defendendo ideias e princípios que combinem com quem compra seus produtos e serviços.
- Tenha missão, senso de propósito e motivação.
- Seja aberto e ouça o que sua tribo tem a dizer.
- Promova a interação e incentive a amizade entre eles.
- Interaja você também com eles.
- Demonstre o valor que eles têm para você.

FONTE: O AUTOR

# CAPÍTULO 4

# criando o seu departamento comercial inteligente

Viemos, até aqui, construindo toda uma plataforma de conhecimentos e aplicações práticas em que você já:

↔ sabe que a estrutura corporativa moderna exige uma nova mentalidade comercial;

↔ entende o que é inteligência comercial e como ela impulsiona resultados;

↔ sabe em que pilares investir para rodar uma estratégia comercial inteligente e eficiente.

Chegou a hora, portanto, de falarmos sobre como isso tudo converge para a criação de um departamento comercial que opera nessa lógica competitiva, estratégica e direcionada a resultados. Você vai compreender passos simples para criar uma engrenagem comercial que entrega esses fundamentos.

Pronto para tornar isso tudo uma realidade por aí? Vamos em frente porque eu estou preparado para lhe mostrar como fazer!

# ⬆ segmentar é necessário. saiba como e por quê!

Um departamento comercial que opera com inteligência e entrega resultados tem uma premissa inicial de estruturação. É o primeiro passo em que você deve investir. Eu me refiro à segmentação do setor em três áreas estratégicas: pré-venda (*inside sales*), venda consultiva e sucesso do cliente.

Bora entender cada uma dessas seções?

## PRÉ-VENDAS (INSIDE SALES)

Na comparação com um relacionamento, o setor de pré--vendas pode ser descrito como a paquera, aquele momento em que o casal está se descobrindo e se aproximando. É uma etapa em que a gente tenta genuinamente entender e conhecer o outro, para saber qual a melhor forma de nos posicionar perante aquela pessoa que desejamos ter ao nosso lado.

Como o próprio nome já indica, essa etapa precede a venda e tem foco em diagnosticar necessidades. O grande objetivo é que seus consultores identifiquem as dores do seu cliente. E vale realizar essa abordagem inicial com prospectos que chegam até nós a partir dos mais diversos canais: marketing digital, contato direto empresa-cliente, leads captados via redes sociais, site, visitas e eventos presenciais.

Dito isso, você deve estar se perguntando:

— Mas se justifica existir uma área específica do departamento comercial focada nessa atividade, André?

A resposta é sim e o motivo é simples. As informações coletadas por esse setor permitirão que a equipe de vendas tenha uma abordagem mais direcionada para aquele prospecto em específico, e, portanto, mais assertiva.

É um caminho em que a aliança com a tecnologia vai fazer a diferença, como já tenho sinalizado aqui. A equipe de pré-vendas deve estar muito bem treinada a alimentar o CRM da empresa, com todas as informações básicas coletadas nesse contato prévio. Eu me refiro a dados como site, redes sociais, média de faturamento, número de colaboradores. Vale lembrar que o setor de pré-venda também é responsável por agendar as conversas/visitas/demonstrações para o setor de vendas.

Desta maneira, o consultor de vendas terá todos os direcionamentos necessários, preparando a abordagem que vai guiar a demonstração ou visita agendada. Essas visitas/demonstrações agendadas são oportunidades de negócios mais seguras do que eram antes do primeiro contato. Ou seja, há uma economia de tempo e esforços no seu processo de vendas.

A dinâmica é a seguinte:

QUADRO 42 - DINÂMICA DO PRÉ-VENDA

O pré-vendas entra em contato com todos os contatos captados, filtrando aqueles que demonstram real interesse pelo seu produto ou serviço.

Aqueles clientes interessados são abordados com maior profundidade para uma melhor compreensão de suas dores e necessidades.

Esses dados são lançados no CRM para o consultor de vendas.

FONTE: O AUTOR

Vale lembrar que os outros clientes contatados, mas que não apresentaram interesse em uma reunião naquele momento devem ser direcionados para listas específicas de remarketing, visando à manutenção de contato:

- em uma delas estarão os leads que ainda precisam conhecer a empresa melhor, não têm urgência motivadora ou potencial de investimento imediato. São pessoas que devem ser tratadas com muita atenção, porque podem virar clientes em breve;

- quem demonstrou maior propensão para a compra, mas por algum motivo não agendou visita deve ir para uma outra lista de remarketing. São leads mais aquecidos, como se diz na linguagem técnica, que precisam ser monitorados mais de perto.

QUADRO 43 - UM REGISTRO PARA LÁ DE IMPORTANTE

# um registro para lá de importante

Você já sabe que não há como rodar uma estratégia comercial inteligente sem medir e analisar a efetividade das ações, correto? E não seria diferente com a área de pré-vendas. Nessa atividade, algumas métricas precisam ser monitoradas. Sem atenção a esses ingredientes, seu bolo não cresce. Veja quais são!

## NÚMERO DE CONTATOS

É preciso mensurar a quantidade de contatos que são realizados pelo pré-vendas por dia, por semana, por mês. Esse dado permite entender o rendimento do setor, definindo ajustes e novos passos, que podem ser a contratação de colaboradores, um treinamento interno, acertos nos processos de trabalho e por aí vai.

## NÚMERO DE VISITAS/DEMONSTRAÇÕES AGENDADAS

Essa mensuração também deve ser realizada por dia, semana e mês. A partir desse registro, é possível comparar o número de contatos diários com o número de visitas agendadas e avaliar o quão assertivo está seu processo de vendas nesta etapa.

Digamos que seu pré-vendas faça dez contatos por dia e somente dois agendem visita. É um sinal de alerta. Pare, reveja o processo e entenda onde está o *gap*, para trabalhar uma taxa de agendamento mais alta. Nesse mesmo sentido, é fundamental analisar quantas visitas agendadas se converteram em contratos.

FONTE: O AUTOR

# ⬆ ativando a venda consultiva

Efetivado esse caminho de aproximação inicial com o prospecto, entra em cena a venda consultiva. Esse é o setor do departamento comercial que estabelece a ponte com as chamadas oportunidades de negócio – os contatos prontos para comprar – com foco em agendar conversa, visita ou demonstração.

O que esse setor faz, especificamente, é analisar a oportunidade de negócio criada pelo pré-vendas e, a partir dos dados lançados no sistema, adequar a estratégia geral de vendas da empresa para as necessidades do cliente em específico. Ou seja, quando o prospect chega para o consultor de vendas, é excelente a chance de fechar o negócio. Afinal, já se conhece as necessidades, dores e dificuldades daquele possível cliente.

Por isso, a conversa, visita ou a demonstração deve ser focada na principal entrega de valor da sua empresa.

O resultado esperado dessa etapa de venda consultiva é a conversão do *prospect* em cliente, ou seja, o fechamento de contrato. A partir daí, começa a operação da terceira grande área de um departamento comercial inteligente, que vamos conhecer agora.

QUADRO 44 – PARA UMA BOA VENDA CONSULTIVA

---

**ENVIANDO A PROPOSTA**

- O Consultor já deve ir para a visita/demonstração ciente que ao final da mesma, deve apresentar ou marcar datas, tanto para envio da proposta quanto para colher a resposta.

- Geralmente o prazo para resposta da proposta é definida ao final da apresentação, o consultor não deve se esquecer desse detalhe importantíssimo:

> *"Eu vou te enviar a proposta amanhã, quando posso te ligar para ter o retorno?"*

ou

> *"Quando posso esperar seu retorno sobre esta proposta?*

- Cabe também ao consultor lançar no CRM dados e detalhes sobre a reunião, a proposta e seus prazos, criando uma tarefa de acompanhamento desta proposta, também chamado **follow-up.**

- **IMPORTANTE>** Sempre coloque no CRM uma tarefa de lembrete para um dia seguinte ao dia estipulado pelo cliente para a resposta. Assim você estará respeitado o prazo que ele pediu, e o CRM te lembrará de fazer o próximo movimento que é entrar em contato com ele, ou seja, fazer o acompanhamento, dar seguimento à negociação, quinta e penúltima etapa do funil de vendas.

---

FONTE: O AUTOR

# ⬆ garantindo experiência positiva

O setor de sucesso do cliente, também conhecido pela sigla CS, é um dos principais indicadores de que seu negócio trabalha com uma visão comercial moderna e entra em cena assim que o novo cliente é conquistado. Esse conceito nasceu no Vale do Silício e o que se vê, na prática, são empresas ao redor do mundo adotando a atividade e, de fato, colhendo resultados exponenciais.

Infelizmente, em se tratando do Brasil, a maioria das empresas ainda não se atentou para a importância da criação de um setor de CS.

— Ahh André, mas eu já tenho SAC, ou suporte ao cliente, na minha empresa!

Bom demais que você tenha! Mas eu preciso alertar que sucesso do cliente é outra coisa.

O SAC está relacionado à existência de um canal direto de comunicação entre as empresas e seus clientes. É uma iniciativa que favorece a resolução de problemas, a apresentação de reclamações ou sugestões e o esclarecimento de dúvidas. O Decreto nº 11.034[20], inclusive, estabelece diretrizes e normas a serem seguidas por esses serviços no Brasil.

Só que a noção de CS vai bem além disso. Trata-se de uma postura proativa da empresa, visando, prioritariamente, à entrega de valor. É um pressuposto que se torna parte da cultura organizacional. O foco sai da empresa e do produto, tornando-se o cliente, seus desejos, dores e necessidades.

E justamente aqui está a dificuldade das empresas brasileiras com a efetivação do CS. Muitas ainda acreditam que o cliente tem o privilégio de comprar delas, pela visão centrada em si. É preciso superar essa postura ultrapassada.

QUADRO 45 - LEMBRETE

## Lembre-se!

*O contato entre time de CS e cliente é importante para:*

ter **percepções** sobre a satisfação do cliente com o produto/serviço e a empresa;

**estreitar laços;**

**oferecer produtos/serviços** complementares da sua empresa;

pedir novas indicações (conhecidos, empresas) para gerar **possibilidades de novas prospecções.**

FONTE: O AUTOR

---

[20] Disponível em: https://legislacao.presidencia.gov.br/atos/?tipo=DEC&numero=11034&ano =2022&ato=96alzYU1kMZpWT6ff.

## PELA CULTURA E VISÃO DO CLIENTE NO CENTRO

Vivemos um cenário que não permite mais que empresas e empresários estejam inertes, esperando que os consumidores os procurem. É preciso desenvolver a consciência de que cliente insatisfeito não compra de novo, não indica sua empresa e ainda faz questão de proteger todos que conhece e até quem não conhece de passarem pelo mesmo perrengue fazendo negócios com você.

E lá vai outra dura realidade. Seu negócio não existe por si mesmo, nem pelo produto ou serviço que oferta. Você pode até ter o melhor produto ou serviço do mundo, a melhor loja do planeta, o script mais atrativo da galáxia, mas se você não tiver clientes, tudo que você tem é nada. Por isso, as pessoas interessadas no que você oferece ao mercado devem, necessariamente, ser o centro da sua estratégia.

Você já entrou em contato com alguma empresa aí na sua cidade, pediu orçamento e, até hoje, um ano depois, ainda não o recebeu? Ou tentou contato telefônico, mas como estava próximo do horário de fechamento da loja o atendente literalmente "desligou na sua cara", simulando que a ligação caiu? E quando o tal telefone só chama ou dá sinal de ocupado, então? Pois é. Quando uma empresa é autocentrada e acha que está fazendo o favor de vender, é isso que acontece. Até mesmo os quesitos mais básicos falham.

Mas, quando um negócio tem foco no ponto certo, ou seja, no cliente, com o objetivo de que ele alcance a satisfação, o básico, além de funcionar, ainda será aprimorado. É um ciclo positivo, a entrega é cada vez melhor e mais satisfatória, de forma que esse cliente não queira fazer negócio com outra empresa e sinta vontade e segurança de indicar seus produtos e serviços. É fidelização na veia e na prática!

Gosto muito de uma reflexão que Lincoln Murphy, considerado o papa da área de CS, traz sobre o conceito. Ele afirma que o sucesso do cliente acontece quando nosso cliente alcança o resultado desejado por meio do relacionamento conosco, levando-o a ficar mais tempo, comprar mais e nos defender.

QUADRO 46 - OS NÚMEROS NÃO MENTEM

# Os números não mentem!

E se, por acaso, você ainda estiver duvidando da importância de trazer, agora mesmo, a visão de cliente no centro para a rotina do seu negócio, vamos dar uma olhadinha em algumas estatísticas. São provas efetivas do real retorno que o seu departamento comercial tem, investindo em bom relacionamento com os consumidores.

Um cálculo da respeitável Bain & Company demonstra que uma retenção de 5% de clientes pode significar um aumento de 25% na lucratividade. [21]

Neil Patel, por sua vez, nos conta que a aquisição de novos clientes tende a custar sete vezes mais que a retenção de clientes. [22]

O caminho para atingir resultados tão expressivos? **Foco na entrega de valor!** É preciso projetar e entregar produtos ou serviços de forma que o cliente tenha o melhor aproveitamento possível, gerando satisfação, confiança e apreço pela marca.

Não há outra forma de fazer com que as pessoas optem pelo que você oferece e voltem a comprar da sua empresa, em detrimento de opções similares e até mesmo mais baratas. Ou seja, é muito mais vantajoso entender o cliente como principal motivo da existência de uma empresa.

FONTE: O AUTOR

---

[21] PATEL, Neil. Fastest Way to Lose Customers. **NeilPatel**, [s. l.], 2024. Disponível em: https://neilpatel.com/blog/retaining-customers/. Acesso em: 12 jan. 2025.

[22] PATEL, Neil. Fastest Way to Lose Customers. **NeilPatel**, [s. l.], 2024. Disponível em: https://neilpatel.com/blog/retaining-customers/. Acesso em: 12 jan. 2025.

# A dinâmica do sucesso do cliente

Na prática, o CS começa a atuar logo após o setor de vendas realizar o fechamento de um contrato. Nesse momento, o setor de CS entra em contato com o cliente, dando início a um processo contínuo de relacionamento que tem por objetivos:

- acompanhar o recebimento ou a entrega do produto ou serviço;
- implantar corretamente a solução;
- adequar o produto ou serviço às necessidades específicas;
- realizar ofertas complementares.

Ou seja, o setor de CS não se coloca à disposição do cliente de forma passiva, esperando ser acionado em caso de dúvidas ou problemas. Ele age proativamente para que dúvidas e problemas sequer existam. O que também quer dizer que não se trata apenas de receber bem quem comprou da sua marca, mas de estar junto dessa pessoa, num percurso de satisfação.

E aqui entra em jogo, novamente, o uso da tecnologia. Existem muitas plataformas para acompanhar a jornada do cliente. No começo, você pode fazer esse acompanhamento a partir do próprio CRM. Conforme sua estrutura for se profissionalizando, na hora certa, você adota uma ferramenta exclusiva de CS. Aqui na Futurize, utilizamos o CRM para CS: Zoho.

Também vai fazer parte dessa engrenagem profissionalizada a utilização do funil de *customer success*. Assim como no funil de vendas, não há uma quantidade exata de etapas, você pode adaptá-las às necessidades e objetivos da sua empresa. Como ponto de partida, vale a pena aplicar um funil simples, com as quatro etapas que vou apresentar.

### Onboarding

É o primeiro contato da empresa com o agora cliente da sua empresa. Nessa etapa, além de proporcionar a melhor experiência de boas-vindas, você fornecerá treinamento e capacitação referentes aos benefícios e funcionalidades do seu produto ou serviço.

- **Adoção**

Na fase de adoção, o cliente ainda está sendo recepcionado. Esse é um estágio que dura entre 30 e 90 dias, a depender do produto ou serviço oferecido. Nessa fase, é importante o time do CS manter contatos semanais ou quinzenais com o cliente para averiguar como está sendo a experiência dele, mapeando possíveis impasses e oferecendo todo o suporte necessário.

- **Engajamento**

Seu cliente já está usando seu produto ou serviço e contente com instruções, apoio e acompanhamento fornecidos pela empresa. Então, é hora de espaçar um pouco o contato.

Nessa fase, com um contato mensal, seu time já consegue ter clareza sobre o quão efetiva vem sendo a entrega de valor. Da mesma forma, tendo em vista o acompanhamento dispensado desde o *onboarding,* seu time de CS também já mapeou possíveis ajustes a realizar, além das demandas que possam justificar a oferta de outras soluções do portfólio da empresa.

. É uma etapa que dura entre o 3º e 6º mês de contrato, quando já pode ser aplicada a pesquisa NPS. É uma métrica que afere o chamado *Net Promoter Score,* indicativo do grau de lealdade que determinado cliente vem demonstrando na relação com a sua empresa.

Você investiga o NPS fazendo uma pergunta simples: "Em uma escala de 0 a 10, qual a probabilidade de que você indique essa empresa para um amigo ou familiar?". Recebendo uma nota entre 8 e 10, esse cliente caminhará para a próxima etapa do funil de CS, denominada cliente de sucesso.

QUADRO 47 – UM ADENDO SOBRE PESQUISAS

# um adendo sobre pesquisas

PESQUISAS DO CS

## NPS

## CSAT

A pesquisa NPS (Net Promoter Score) trata-se de uma pergunta simples sobre a probabilidade da indicação da sua empresa, em uma escala de 0 a 10:

*"Em uma escala de 0 a 10, qual a probabilidade de que você indique esta empresa para um amigo ou familiar?"*

A pesquisa CSAT (Customer Satisfaction Score) é mais ampla e mede a satisfação do cliente com o processo de compra, com a empresa, com o produto/serviço. Através dela, você pode direcionar aprimoramentos no atendimento, suporte, financeiro, comercial.

As informações coletadas na CSAT são dados importantes para eventuais mudanças de rota dentor da sua organização.

FONTE: O AUTOR

- ***Cliente de sucesso***

Quando alguém chega a esta quarta etapa, você já não tem só um cliente. Trata-se de uma parceria consolidada. Agora, além de contatos ainda mais espaçados, você já consegue monetizar sua base, oferecendo novos produtos ou serviços e obtendo indicações de negócios da parte desses clientes fidelizados.

Há duas formas de monetizar sua base de clientes: o *upsell* e o *cross sell*.

QUADRO 48 - QUADRO COMPARATIVO UP SELL - CROSS SELL

| UPSELL |  | CROSS SELL |
|---|---|---|
| É, basicamente, incentivar o cliente a comprar uma versão mais completa do produto ou serviço que já adquiriu. | | É monetizar com ofertas adicionais ou complementares ao produto ou serviço já adquirido. |

FONTE: O AUTOR

Nessa etapa, você tem dois times trabalhando com o cliente para aumentar a receita da empresa. O time de vendas - responsável por monetizar com *upsell* e *cross sell* - e o time de CS - responsável por trazer indicações da base de clientes para repassar ao setor de pré-vendas, que, por sua vez, vai realizar aquele primeiro contato, em um ciclo virtuoso, retroalimentável e saudável.

- **De olho no sinal amarelo**

Caso as pesquisas e intervenções do time de CS apontem para o perigo de quebra da relação comercial (que também denominamos *churn*), eu recomendo implantar outras duas etapas no funil que previnem a perda de clientes.

O **alerta ligado** é uma lista à qual deve ser adicionado quem indique qualquer sinal de insatisfação ou insegurança com relação à continuidade da parceria. Com esses clientes, retomamos os contatos semanais ou quinzenais para evitar quebra contratual.

Os clientes que não renovarem contrato, preferindo cortar relações com a empresa, vão para uma outra lista, a de perdidos. Nela, serão anotadas possíveis insatisfações com a justificativa para o rompimento.

Essas informações são importantes, pois determinam providências e ajustes no processo que se façam necessários. Muitos desses clientes são, inclusive, passíveis de recuperação.

# ⊟ os quatro fundamentos a observar

Além dessas áreas, ferramentas e processos que estruturam um departamento comercial inteligente, há alguns outros princípios cruciais que precisam ser observados. Esses quesitos, tranquilamente aplicáveis, devem fazer parte da linha de ação estratégica de qualquer área comercial.

- **Inspire-se no dinamismo do mundo**

Vivemos tempos em que as coisas acontecem de forma interligada, conectada e em alta velocidade. Tudo muda de repente e é preciso ter uma postura atenta e aberta ao novo, observando e reagindo adequadamente às tendências, oportunidades e riscos.

Tenha em mente que inteligência comercial não é somente análise da performance de vendas da sua empresa, mas também:

- **benchmarking da concorrência** – para perceber o que o mercado está propondo e como os concorrentes vêm atuando. É uma postura que traz insights incríveis para o seu negócio;

- **automação de processos** – aproveitando a tecnologia e a inovação como fator de agilidade para a operação. É uma forma de entregar mais valor ao cliente;

- **avaliação de dados** – analisando constantemente o que está sendo implementado e como as atividades comerciais podem ser aprimoradas;

- **incentivo ao aprimoramento** – aplicando a sigla FOMO. como mentalidade. Ela vem do termo "Fear Of Missing Out". Ou seja, tenha medo de perder qualquer informação ou situação importante.

QUADRO 49 - DICA PRÁTICA!

## Dica prática!

Quer uma inspiração para a fundamental busca por conhecimento? Que tal criar um clube do livro ou a trilha da semana com o time comercial?

Cada membro da equipe escolhe uma obra ou uma trilha na Universidade Corporativa e todos precisam ler no mínimo um capítulo ou assistir a um episódio por semana. Na reunião de alinhamento semanal, além de falar sobre os acontecimentos da semana anterior e das projeções para a próxima, você abre espaço para que o time compartilhe conhecimentos extraídos da leitura.

É uma ótima iniciativa!

FONTE: O AUTOR

## FAIL FAST, LEARN FASTER!

Em tradução livre, essa expressão significa: "erre rápido, aprenda mais rápido ainda". É uma filosofia que busca descobrir e solucionar erros, num ciclo de inovação e melhoria contínuas. Você mantém o que funciona e aprende com o que não funciona rapidamente, encontrando outras saídas. Uma filosofia imprescindível para a operação comercial inteligente.

## CONSTRUÇÃO DE PARCERIAS ESTRATÉGICAS

Esse é outro ponto forte para o desenvolvimento de inteligência comercial. Bons parceiros levam a sua organização, o seu time, para o próximo patamar, bem como abrem caminho para a conquista de novos mercados.

Costumo dizer que, apesar das facilidades de contato virtual, se torna cada vez mais necessário tomar café com as pessoas para manter, sustentar e fortalecer negócios. Afinal, o networking é o melhor caminho para estabelecer parcerias de valor.

Sugiro que você, além de fazer networking semanalmente, incentive sua equipe a fazê-lo. Procure, sempre que possível, fazer-se presente ou representado por um ou mais membros da sua equipe em eventos promovidos por:

- entidades importantes e relacionadas ao seu negócio;
- instituições acadêmicas;
- empreendimentos ou empresas correlacionadas ao seu negócio.

E lembre-se de mirar nas startups e outros *players* da área de tecnologia.

Essa conduta não apenas faz sua empresa ser vista e lembrada, como denota um perfil antenado, moderno e aberto a perspectivas futuras.

## ABRACE A INOVAÇÃO TECNOLÓGICA

Eu sei que este livro já falou, em outros momentos, desse tema. Mas, sinceramente, prefiro soar repetitivo a me furtar de alertar você, meu caro leitor, minha cara leitora, sobre algo que precisa do seu olhar atento. Um negócio que aplica inteligência comercial compreende que boas soluções tecnológicas são determinantes para aumentar produtividade e impulsionar o alcance de novos mercados.

Nesse caminho, considero imprescindível adotar:

- **uma plataforma de BI (Business Intelligence ou inteligência de negócio)** para ter controle visual sobre todos os indicadores que guiam sua estratégia comercial. O BI também é capaz de mensurar performance dos produtos e serviços individualmente e comparativamente, sinalizando qual vende mais, qual vende menos, qual deles contribui mais para o seu negócio. São análises que ajudam a direcionar assertivamente os esforços do seu time, em conformidade com seus objetivos, agilizando correções de rumos que se façam necessárias. Por sinal, por meio dessas ferramentas, você também vai mensurar a produtividade de cada membro da sua equipe;

- **uma plataforma de inteligência de dados.** Lembra que já falamos aqui sobre os dados serem o novo petróleo? Pois é! Esse tipo de plataforma colabora demais com gestão inteligente por abastecer o negócio com informações qualificadas. É possível coletar informações sobre a base de clientes ideais, acompanhar o *market share*, o potencial de alcance por região e ainda analisar a concorrência. Com isso tudo, fica muito mais fácil elaborar um planejamento estratégico pautado na inteligência comercial, com benefícios claros para todas as outras áreas da empresa;

Bem, meus amigos e amigas, eu, de fato, não economizei neste capítulo. A rota para trabalhar estratégias comerciais inteligentes está traçada. Eu só não posso fazer por você. Então, chegou a sua vez de não se poupar. Bora colocar a mão na massa e construir os resultados que até agora pareciam impossíveis?

QUADRO 50 – E AINDA TEM MAIS!

## ↣ E ainda tem mais!

Eu preparei um vídeo especial, sistematizando os insights deste capítulo. Acesse o QR Code para conferir!

FONTE: O AUTOR

# CAPÍTULO 5

# seja um vendedor desejado pelo mercado

Este livro trouxe clareza sobre o novo momento que vive a área de vendas e sobre o quão urgente é você se adaptar a ele, aplicando inteligência comercial, um conceito que está compreensível e totalmente aplicável nas páginas que você já percorreu, não é mesmo? Caso você ainda não tenha entendido esse passo a passo, retome a leitura, porque esse caminho está totalmente traçado nos capítulos anteriores.

Mas faltava tratar do grande protagonista de toda essa estratégia que eu orientei cuidadosamente você a desenvolver. E não é nada difícil saber do que eu estou falando. Eu me refiro, logicamente, ao vendedor. O papel cumprido por todo esse cenário comercial estratégico e inteligente de que estamos tratando é, justamente, fazer com que esse profissional, lá na ponta do processo, tenha facilidade em fechar a venda.

É bem como funciona com um time de futebol. O técnico prepara a estratégia. Os jogadores da defesa protegem a área contra o adversário e começam a preparar as jogadas para os armadores. Quem joga nessa posição leva a jogada para a área do adversário, criando condições para que o setor ofensivo atue com eficiência. Quando toda essa engrenagem funciona direitinho, o gol é quase uma consequência, concorda?

No caso da inteligência comercial, nosso atacante é o vendedor, que também tem muito mais chances de marcar gol com uma boa retaguarda; ou seja, a estratégia e o departamento comerciais inteligentes. Isso, é claro, desde que essa estrutura venha acompanhada de preparo. Muitos profissionais de vendas, por incrível que pareça, ainda acreditam que basta ter talento para vender mais.

Eu posso garantir que esse é um engano muito grave. Se os tempos mudaram e exigem um novo olhar para as estratégias de vendas e a estrutura dos departamentos comerciais, não é diferente para os vendedores. É a hora de dominar as ferramentas que fazem de você um profissional de vendas requisitado pelo mercado dos dias de hoje.

# ⬆ As habilidades do vendedor de alta performance

Se você é vendedor ou gerencia um time de vendas e eu disser que há um caminho para vender mais e melhor, você gostaria de aprender? Eu deduzo que a resposta seja sim. Então, lá vai a primeira dica! Ao longo da minha trajetória, identifiquei perfis de vendedores que merecem uma atenção especial:

- até querem, mas não sabem fazer;
- sabem, mas insistem em não fazer;
- sabem e querem fazer, mas que não conseguem.

## A verdade é que o profissional de vendas mais desejado do mercado é aquele que sabe fazer e quer fazer.

É uma equação alinhada pelo fator que o diagrama a seguir mostra de forma exata, tornando clara a competência que os vendedores ineficientes que citei precisam desenvolver.

QUADRO 51 – O QUE FALTA?

| PARA AQUELES QUE: | FALTA: |
|---|---|
| QUEREM FAZER MAS NÃO SABEM | REPERTÓRIO |
| SABEM MAS INSISTEM EM NÃO FAZER | PROTAGONISMO |
| SABEM, QUEREM E NÃO CONSEGUEM FAZER | CONFIANÇA |

FONTE: ALÊ PRATES - FORMAÇÃO EDUCADOR EXECUTIVO

É por isso que a cada dia o mercado precisa de mais e mais profissionais atentos e comprometidos com elementos, tais como: repertório, protagonismo e confiança. O novo vendedor, o vendedor contemporâneo, moderno, entende que ter esses três pilares equilibrados é o caminho para ir cada vez mais longe, desempenhar cada vez mais, com melhores resultados.

E aqui entra em cena um ponto-chave para alguém se tornar um profissional de vendas moderno e requisitado. Eu me refiro a entender que desenvolvimento pessoal e profissional confere plasticidade[23] à mentalidade do profissional. Ou seja, você se torna um sujeito de mentalidade adaptável, criativa e, portanto, exponencial. E nem preciso destacar o quanto isso é importante no cenário moderno, no qual não há mais espaço para o vendedor estagnado, de mentalidade fixa.

QUADRO 52 – MENTALIDADE ADAPTÁVEL

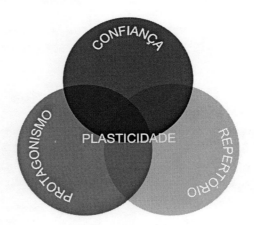

FONTE: O AUTOR

Você lembra que, no capítulo 1, falamos de modernização do mercado, da nova era comercial e da necessidade de estarmos atentos ao movimento, às inovações e a nós mesmos, para não entrarmos ou permanecermos no lugar-comum?

---

[23] "Qualidade da pessoa que se adapta a variadas circunstâncias; flexibilidade: funcionário elogiado por sua plasticidade em desempenhar novas funções" (Plasticidade [...], 2009-2024).

QUADRO 53 - REFLITA!

## Reflita!

Chamo atenção novamente para isto e peço que tenha sempre em mente o quanto o mercado é dinâmico. É comum que, ao começar a entregar resultados, olhemos para o processo como se estivesse tudo certo, afinal, estamos tendo resultado e isso é importante, não é mesmo?

✕ Errado! **Pensar assim é exatamente o que leva qualquer profissional para o piloto automático.**

É preciso, por mais que se esteja cumprindo metas e alcançando resultados, ter um olhar crítico, atento, expansionista e visionário e a plasticidade é justamente a característica que leva o profissional a esse patamar.

FONTE: O AUTOR

**Ficar parado enquanto vê o mundo, a tecnologia e os modelos de negócio se modernizarem coloca você em um lugar horrível, um lugar de justificativa e de fracassos.**

E sob essa perspectiva vitimista, aquelas mudanças que você percebeu, mas não se moveu para aproveitar, passam a ser, na sua cabeça, os motivos do seu fracasso: "Ah, tudo mudou! Por isso não cumpri minhas metas.".

Certamente, você percebeu que a mudança se aproximava, viu ela acontecer e poderia ter surfado na onda, mas preferiu e escolheu ficar inerte. Seria justo, nesse caso, fugir da responsabilidade?

Assuma uma postura responsável, sempre ampliando o modelo de mundo. A adaptabilidade e a flexibilidade jogam por você na gestão de mudanças em momentos de crise.

Esse movimento requer, além de resiliência, outras habilidades que vamos trabalhar em seguida.

# ⬆ As características e habilidades do vendedor contemporâneo

Há oito características importantes para um vendedor atingir alta performance. São elas:

QUADRO 54 – 8 CARACTERÍSTICAS

FONTE: O AUTOR

## CORAGEM

Arrisque-se, encare os erros e aprenda com eles. Errar não é, necessariamente, algo ruim, pode ser muito benéfico, já que dos erros vêm nossos maiores aprendizados.

Quando entendemos o erro como uma grande e importante oportunidade de aprendizagem, nos permitimos correr riscos, aprendemos a partir de nossas ações a nos reinventar sem nos vitimizar e nos paralisar.

> # Mas lembre-se: podemos errar na ação, mas nunca na intenção.

E a razão é simples. Errando na ação podemos encontrar lições e oportunidades que favoreçam o nosso crescimento.

## HUMILDADE

Para aprender com os erros e fazer um autoexame de consciência, é preciso que o vendedor também tenha humildade. Sem dúvida alguma, tudo o que acontece no nosso negócio, empresa ou carreira tem algo a nos ensinar.

É a partir da análise das situações que você conseguirá encontrar o *gap*, buscar soluções, ver o que a situação pode trazer tanto para o negócio quanto para a sua vida pessoal e carreira.

> # Sem humildade não há como aprender, não há como se desenvolver.

## RESPONSABILIDADE PESSOAL OU ACCOUNTABILITY

É comum ver as pessoas terceirizando os problemas ou os motivos pelos quais não atingiram determinado resultado, mas profissionais de excelência e de alta performance assumem a responsabilidade por suas ações e erros. Eles entendem que os erros não os definem e que é possível reinventar-se, inclusive, a partir desses insucessos.

QUADRO 55 – NA PRÁTICA!

## Na prática!

Problema

Imagine um processo de venda no qual o cliente está fechando negócio. Porém, você usa uma frase negativa sobre o que está vendendo e, duvidando da qualidade do seu produto/serviço, o cliente desiste da compra. O resultado dessa situação é que você passa a se julgar um profissional ruim.

Solução

Não, você não é um vendedor ruim! Você cometeu um erro e, como percebeu isso, pode corrigir essa abordagem visando prospectar novas vendas.

Dica

Revise o seu *script*, reveja os seus argumentos de persuasão e encontre outras formas de dizer o que precisa sem gerar insegurança ao cliente em relação à qualidade do produto.

FONTE: O AUTOR

## RESILIÊNCIA

Para todas as pessoas, mas sobretudo em se tratando das que trabalham com vendas, ser resiliente é muito importante.

Resiliência é manter-se firme desde o princípio, apesar das adversidades enfrentadas. Manter-se íntegro apesar dos acontecimentos e com flexibilidade — adaptando-se ao que é preciso, possível e sem macular seus princípios — é a rota para a superação de si e a melhoria constante.

QUADRO 56 - PARA VOCÊ SE INSPIRAR!

### para você se inspirar!

Você, leitor, leitora, não faz ideia do quanto foi importante para minha jornada profissional ter os mais de 50 líderes que tive. Foram muitos líderes e excelentes aprendizados!

Um deles, em especial, é muito importante tanto na minha vida profissional quanto na minha vida pessoal. Era meu gestor na época em que estagiei na Disney. Esse líder em questão tinha muitos liderados, diversos desafios próprios em sua função e, ainda assim, conseguia estar atento a cada membro da equipe, suas potencialidades e necessidades.

Na minha ficha de feedback, ele elencou todos os pontos para que eu pudesse evoluir pessoal e profissionalmente. O melhor foi o enquadramento como *"rehireable"*, que indica portas abertas para futuro relacionamento, o que me proporcionou novas oportunidades profissionais. Além disso, ele me falou uma frase que nunca esqueci: "Sorrir um dia é fácil, eu quero ver você sorrir todos os dias", traduzindo a importância de ser consistente na operação quando eu estava em cena.

Na Disney aprendi que eu não precisava ser o melhor na função, era preciso ser o mais consistente para me destacar.

Tive de ser humilde, receber as críticas construtivas, ser resiliente e buscar superar meus limites. Para você ter ideia do quanto esse retorno foi significativo, 17 anos depois, num dia em que organizava documentos em casa, encontrei a ficha de feedback guardada. Decidi, inclusive, compartilhar logo em seguida.

FONTE: O AUTOR

ANDRÉ RIBEIRO

March 13, 2006

Andre Ribeiro

Dear Andre,

Congratulations! You have been selected to participate as a/an Merchandise Cast Member on the Disney College Program in the Fall 2006 Season. This is a great opportunity for all students, and we are proud to offer this opportunity to you! This program will allow you to gain academically oriented work experience – the kind that professionals in every field agree provides students with the tools they need to compete effectively in today's job market.

As a participant in the Disney College Program, you will have the opportunity to acquire a variety of transferable skills that will enhance both your personal and professional development, including:

- Responsibility
- Time Management
- Problem Solving
- Partnering
- Teamwork
- Communication
- Multi-Tasking
- Guest Service
- Networking
- Leadership
- Corporate Culture
- Product Knowledge
- Computer Skills
- Diversity
- Professionalism

These skills are developed through the responsibilities involved with a/an Merchandise role:

*There are hundreds of retail locations located at the WALT DISNEY WORLD® Resort, each with a different theme and experience. Critical thinking and the ability to perform multiple tasks are important qualities to have in this role. Cast Members may work in large, high-volume areas or individually on outdoor carts. Individuals in this role should be comfortable handling large sums of money. Responsibilities may include: operating a point-of-sale system (cash register), cash handling, stocking shelves, preparation of food/candy, package delivery, stroller rental, heavy lifting, pushing and pulling, light cleaning and providing information to Guests.*

We are excited to have you join our team, and we can't wait to receive your acceptance of our offer. Enclosed in your offer packet, you will find the *Disney College Program Arrival Checklist*, which will detail the steps you should take to accept your role and prepare for your program. We ask that you complete step one (Read Up!) and step two (Accept Your Offer) on the *Arrival Checklist* as soon as possible so that we may begin planning for your arrival! Failure to complete the tasks listed within two weeks may jeopardize your opportunity to participate in the program. To get started, visit our Web site at www.wdwcollegeprogram.com. Select "Students," and login with the following information:

    Username: Your Complete E-mail Address
    Password: GOIANIA
    Applicant Number:

We look forward to the magic you will bring to the *Walt Disney World®* Resort and are thrilled about the opportunity we have to include you in our Disney family! We're sure it is a journey that will change you!

Sincerely,

*Jeff Hickman*
*Walt Disney World®* College Recruiting

INTELIGÊNCIA QUE VENDE: A ROTA DAS ESTRATÉGIAS COMERCIAIS EXPONENCIAIS

*Walt Disney World.*
COLLEGE PROGRAM

**Practicum Work Lab**
*Student Performance Feedback Form*

Andre Ribeiro
Participant Name

Carlos Cortes
Location Supervisor

60 3DN
Origin/Department

Future World East
Location

Merchandising
Role

Business: Administration   Suffolk County Community College
Major          School

Test Track & Mission Space
Work Location

Carlos Corts
Manager's Name

Check-in #1 Date: 9-29-06      Manager Signature: _____

Check-in #2 Date: 11-17-06     Manager Signature: _____

Check-in #3 Date: 12-30-06     Manager Signature: _____

## Practicum Student Performance Feedback Form Instructions

**Practicum Participant:**
Throughout the semester, consider the growth you demonstrate in each Performance Excellence Leadership Competency as part of your experience in the College Program Practicum Course. Schedule three meetings with your work location leader (manager or supervisor) including a final check-in session to complete this Student Performance Feedback Form. After this evaluation form is completed and signed, return it to your College Program Practicum Instructor. Your work area manager may choose to sign a printed copy or send an email copy directly to your Practicum instructor. You will be responsible for providing your leader with the name of your instructor.

**Location Manager/Supervisor:**
We request that you meet with your College Program Practicum Participant at least three times during the semester. As part of the College Program Practicum course, the participant is studying the Performance Excellence Leadership Competencies. Please discuss how these competencies apply to your work location and how the Cast Member is able to demonstrate these competencies. We encourage you and the student to use this form to write any appropriate comments that relate to the Cast Member's demonstration of these competencies in your location. Your final check-in session will also include an overall evaluation of the student's performance. You may choose to sign this printed copy of the Student Performance Feedback Form or to send an electronic copy by email directly to the student's Practicum instructor. The student will be responsible for providing you with the name of the instructor.

**Please Note: This assignment is separate from any local area labor requirement for a performance evaluation at the end of the student's work experience.**

The Student Performance Feedback Form is also available on the College Program Module of the *My Disney TEAM* portal as part of Check-in #3.

We thank you for your participation in this valuable portion of the WALT DISNEY WORLD® College Program Practicum Course!

The Student Performance Feedback Form is included on the reverse side of this page.

© Disney –04/26/2004

*Student Performance Feedback Form*
*Part of the COLLEGE PROGRAM Practicum Course*

Page 1

ANDRÉ RIBEIRO

**COLLEGE PROGRAM
PERFORMANCE FEEDBACK**

| NAME<br>Andre Ribeiro | | | ORIGIN/DEPARTMENT<br>60 / 3DN | |
|---|---|---|---|---|
| REVIEW DATE<br>11/17/06 | SCHOOL<br>Suffolk Community College | | MAJOR<br>Marketing | |

| CAST EXCELLENCE | Clearly Outstanding | Exceeds Expectations | Meets Expectations | Below Expectations | Unsatisfactory |
|---|---|---|---|---|---|
| Models the Disney values (openness, respect, courage, honesty, integrity, diversity, balance) | | x | | | |
| Respects, Appreciates, Values Everyone | | x | | | |
| Develops and maintains positive relationships with other Cast Members | x | | | | |
| Promotes teamwork | | x | | | |
| Provides/welcomes regular feedback | | x | | | |

| GUEST SATISFACTION | Clearly Outstanding | Exceeds Expectations | Meets Expectations | Below Expectations | Unsatisfactory |
|---|---|---|---|---|---|
| Initiates interactions with guests | | x | | | |
| Shares guest feedback with others | | x | | | |
| Makes guest-focused decisions | | | x | | |
| Delivers Disney quality standards (Safety, Courtesy, Show, Efficiency) | | | x | | |
| Creates a positive guest experience | | x | | | |
| Models the Seven Service Guidelines | | x | | | |

| BUSINESS RESULTS | Clearly Outstanding | Exceeds Expectations | Meets Expectations | Below Expectations | Unsatisfactory |
|---|---|---|---|---|---|
| Understands area mission/vision | | x | | | |
| Uses personal skills and creativity to improve area/takes initiative | | | x | | |
| Displays ownership and accountability | | x | | | |
| Respects the Heritage and Traditions of the company | | | x | | |
| Attends work regularly | | | | x | |

**LEADERS: Please include any feedback and opportunities for improvement for your student:**
Andre you were a very team oriented cast member which will help you in your future career aspirations. Continue to expand your networking skills and also communicate your ideas. With your positive attitude you will be able showcase your true talents to all. One thing I would like you to focus on your confidence with the work skills you have and how you communicate your ideas to others.

OVERALL WORK PERFORMANCE: [ ] Clearly Outstanding  [x] Exceeds Expectations  [ ] Meets Expectations  [ ] Below Expectations  [ ] Unsatisfactory

Is the cast member eligible for rehire?  [x] Yes  [ ] No

Carlos Cortes
Interviewed by / Title — Retail Guest Service Manager

Student Signature - Date  11/17/06

## AUTOCONFIANÇA

Não importa o seu cargo ou o seu nível hierárquico: autoconfiança é essencial. Você precisa trilhar seus passos com a segurança de que está preparado para eles e que, se algo der errado, conseguirá encontrar as soluções.

Sem autoconfiança, você corre o grande risco de se deixar levar pelo medo e paralisar, tornando-se aquela pessoa incapaz de raciocinar, decidir e agir por si. Tornando-se, assim, dependente do que é externo, do que vem do outro.

É o que acontece com aquele vendedor que não confia em si para se adaptar ao cliente e ao processo de vendas que está vivenciando. Ele prefere seguir, cegamente, o roteiro de vendas.

Outro motivo importante para o desenvolvimento da autoconfiança é que, independentemente do seu nível hierárquico na empresa, esse é um ingrediente crucial para você ser assertivo nos feedbacks que precisa transmitir às outras pessoas, sejam colegas ou gestores.

A insegurança impede de passar feedbacks, porque, às vezes, a pessoa que vai recebê-lo o coloca de frente com questões suas, que você não está preparado para ouvir. Entenda que feedback é crescimento e você precisa estar preparado para esses momentos.

As grandes empresas, por sinal, já perceberam e utilizam essa mentalidade para expandir-se! Como expoente dessa ideia, a mentalidade do Facebook é a de que o feedback é um presente.

E, quando se fala em cultura corporativa, surge um ponto importante. Muitas empresas pecam no estímulo à autoconfiança e geram um ciclo que alimenta um dos tipos de vendedores ineficientes que mencionei no começo do capítulo. Acontece como no quadro a seguir:

QUADRO 57 – O VENDEDOR QUE SABE FAZER, QUER FAZER, MAS NÃO CONSEGUE

**O VENDEDOR QUE SABE FAZER, QUER FAZER, MAS NÃO CONSEGUE!**

Perceba, geralmente, ao questionar os gestores das empresas – principalmente as que têm a inovação como valor corporativo – sobre tolerância ao erro de seus colaboradores, você percebe que essa tolerância é praticamente inexistente: *ou a pessoa vai para a berlinda ou tem sua avaliação de desempenho prejudicada.*

Ou seja, é uma tolerância extremamente baixa! E, desse jeito, é difícil aumentar o nível de confiança do seu time, das pessoas com quem você trabalha.

FONTE: O AUTOR

## AUTOCONHECIMENTO

Esse é um quesito altamente relacionado à pessoa autoconfiante. É muito difícil que alguém se torne confiante em si, sem antes conhecer quem é de fato. Por isso, se você quer ser um excelente vendedor, não abra mão de investir em autoconhecimento.

A jornada corporativa é dinâmica, frenética, com situações e coisas diferentes surgindo, efervescendo, pipocando. Se você não estiver muito bem equilibrado, com sua inteligência emocional ativada, como praticará a inteligência que vende?

> **Grave isto na sua memória: a inteligência que vende é uma consequência da inteligência emocional.**

Outro aspecto que não posso deixar de abordar: autoconhecimento é uma jornada que, em alguns momentos, demandará acompanhamento de um terapeuta ou de um mentor para você prosseguir, sem emperrar.

QUADRO 58 – UM ADENDO SOBRE PESQUISAS

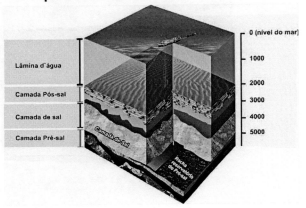

Outro dia me deparei com um vídeo bem interessante da humorista Nathália Cruz[24], no Instagram.

Ela conta que, ao consultar pesquisas e informações sobre a exploração do pré-sal pela Petrobrás, acabou se questionando: quanto é preciso mergulhar para chegar ao pré-sal, tendo em vista a profundidade que a figura[25] acima ilustra?

Para quem não sabe, o pré-sal está há aproximadamente 5.000 metros da superfície do mar, debaixo de uma lâmina de água com cerca de 2.000 metros. Há uma camada generosa de pós-sal, uma camada ainda mais generosa de sal e só então o pré-sal. Sem aporte tecnológico, seria impossível para o homem chegar ao pré-sal, já que não conseguiríamos suportar a pressão, a falta de oxigênio.

E assim também funciona quando o assunto é sabermos mais sobre nós mesmos. Vamos até um certo ponto sozinhos. Depois desse limite, para prosseguir, só com tecnologia! A jornada do autoconhecimento é como a jornada do pré-sal. O terapeuta, ou mentor, é essa tecnologia que acompanha, que guia e auxilia a seguir o caminho rumo ao objetivo, vencendo os obstáculos que aparecem.

FONTE: O AUTOR

---

[24] Disponível em: https://www.instagram.com/reel/C7XXneBpsqL/?igsh=eWFhMWtqaXl-1NWw%3D. Acesso em: 11 jun. 2024.

[25] PRÉ-SAL Bacia de Santos. **PETROBRAS – Comunica Bacia de Santos**, [s. l.], 2022. Disponível em: https://comunicabaciadesantos.petrobras.com.br/pre-sal-bacia-de-santos. Acesso em: 14 jun. 2024.

## PROTAGONISMO

Essa é outra característica superimportante e que falta, muitas vezes, para aquele perfil de vendedor que sabe fazer, mas insiste em não fazer. Saiba, portanto, que: sim, você precisa desenvolver protagonismo para ter destaque na carreira como vendedor.

Mas eu preciso deixar um alerta. Cuidado com os discursos prontos sobre esse tema. Muita coisa superficial é dita por aí. É uma ilusão acreditar que alguém decide ser protagonista e consegue num passe de mágica, de um dia para o outro.

Meu amigo e sócio, Alê Prates, me ensinou que protagonismo surge como resultado de um ciclo virtuoso. É algo que tem a ver com os ambientes empresariais nos quais as pessoas consigam participar, evoluir e serem reconhecidas para, a partir desse reconhecimento, aumentarem gradativamente o nível de confiança e autoconfiança. Assim se atinge o nível de realização, o estágio de *flow*, que, por sua vez, favorece a alta performance.

QUADRO 59 – CICLO DO PROTAGONISMO

FONTE: ALÊ PRATES - FORMAÇÃO EDUCADOR EXECUTIVO

Portanto, o protagonismo é uma consequência de vários fatores, que levam à alta performance. O que não combina em nada com a postura daqueles colaboradores que colocam sua carreira nas mãos de seus líderes e gestores, não assumindo o protagonismo sobre a própria trajetória profissional. São aqueles colaboradores que trabalham de qualquer jeito, dando o mínimo de si, que só se importam em receber o salário. Isso é o contrário do protagonismo.

## A carreira é sua, o protagonismo também é seu!

Jamais condicione a sua performance ao reconhecimento de uma terceira pessoa, de um líder de equipe, de um gestor. A missão de evoluir, de fazer o que precisa ser feito com excelência é sua. Cuidar bem da própria carreira tem como consequência o reconhecimento do seu trabalho.

## SABER COADJUVAR

O excelente vendedor é alguém que serve e deixa seus colegas brilharem, reconhecendo o trabalho deles. Isso significa dar espaço e saber ser coadjuvante em um cenário protagonista.

Pessoas assim geram um ambiente evolutivo para as pessoas de verdade, e não só da boca para fora. Dê espaço ao cliente, dê espaço aos colegas de trabalho, aos liderados. Assim, atenderá a uma necessidade do ser humano de sentir-se amado, valorizado.

Dar espaço ao protagonismo de outra pessoa é uma forma de dizer ao mundo que você valoriza as pessoas. E saber coadjuvar também ajuda a construir bons relacionamentos, o que é indispensável à geração de bons negócios.

QUADRO 60 – ATENÇÃO PARA A DICA!

## Atenção para a dica!

*"Se você quer ser interessante, seja interessado!"*

Você já deve ter lido ou ouvido essa frase, não é mesmo? Pois saiba que vendedores excelentes sabem aplicá-la na prática, a partir da escuta ativa. Aproveite a necessidade nata de comunicação do ser humano para entender as necessidades e conectar-se com os seus clientes, usando essa ferramenta poderosa.

Vendedores que falam demais são cansativos, inconvenientes e perdem credibilidade, perdendo a atenção das pessoas. Desenvolva a sabedoria de escutar e extrair informações, perguntando sobre o que está sendo dito para aprofundar a conexão e compreender melhor os anseios e necessidades de quem está na outra ponta.

Entender o momento de calar-se e dar lugar ao outro é imprescindível em todas as relações.

FONTE: O AUTOR

## SEJA ASSERTIVO NA SUA FALA!

Repare que, nas rodas de conversa, diante de uma pessoa que monopoliza a fala, os ouvintes estão ali, mas no automático. Ninguém de fato está escutando ou prestando atenção no que é dito. Todavia, quando alguém mais calado e assertivo na fala se pronuncia, as atenções imediatamente se dirigem a essa pessoa. Por isso, a assertividade é muito importante e relevante.

**Para construir bons relacionamentos, são necessárias as conexões evolutivas. Para isso, escolha ambientes nos quais você consegue aprender, compartilhar e agregar.**

Ao juntar todas essas habilidades, você está pronto para ser um vendedor de alta performance, bastando aliá-las ao que eu chamo de quatro posturas estratégicas, que são:

QUADRO 61 - 4 POSTURAS ESTRATÉGICAS

| RITMO | TOM | METAS | ENGAJAMENTO |
|---|---|---|---|
| Ritmo é algo que flui regularmente, então siga um roteiro de trabalho e mantenha o foco. | Ser consistente, efetivo na forma de trabalhar o ritmo. | Não perca de vista suas metas pessoais. | Comprometa-se com seu desenvolvimento. |

FONTE: O AUTOR

# ⬆ outros pontos de atenção cruciais

Além desse conjunto de competências que abordei, alguns outros elementos e atitudes precisam estar no seu radar. Olhar para eles torna o vendedor mais atrativo!

## A FUNDAMENTAL CONSTRUÇÃO DE NETWORKING

Numa tradução simples, networking é uma palavra associada à construção de um bom ecossistema de contatos. Isso é crucial para performar em vendas e exige do profissional uma postura ativa para manter sua rede de contatos dinâmica, viva, por meio de troca de informações e interações interpessoais que entregam valor, significado.

## Ter boas conexões é importantíssimo para a sua carreira e negócio nos mais diversos ambientes, seja por meio de eventos corporativos ou clubes de networking.

Aproveite qualquer chance de conhecer pessoas novas, com bom posicionamento e disposição para compartilhar conhecimento. Dessa forma, as pessoas conseguem acessar você, conhecer sua história.

— André, mas o que seria bom posicionamento?

Um ponto importante, nesse sentido, é saber sobre quais assuntos tratar em público. Alguns temas geram mais divergência que convergência — futebol, política e religião, por exemplo — porque você não conseguirá explicar sua posição rápido, de uma forma que o outro entenda. Digo isso principalmente no contexto das redes sociais, em que as pessoas não vão parar de rolar a tela para ouvir e tentar entender seu posicionamento.

Então, cuidado com a má impressão que seu posicionamento, imediatamente registrado na memória de quem ouve, pode causar. Isso abala sua credibilidade, dificulta acesso e pode impedir muitos negócios. É recomendável evitar os assuntos polarizados.

Esses temas são muito maiores que nós. Nosso pensamento ou visão acerca deles não mudará o cenário coletivo. Falar publicamente sobre eles é uma exposição desnecessária em algo para o qual não há convergência possível.

> **Existem visões e perspectivas diferentes e é importante conseguir entender e respeitar a perspectiva do outro antes de querer discordar.**

## SAIBA SE REINVENTAR!

Já falei por aqui que, nesse mundo cada vez mais moderno, dinâmico, inovador, tecnológico e rápido, você tem que estar antenado e se adaptar. É preciso aprender, testar, errar e corrigir! É nisso deve estar o seu foco.

Tudo está em evolução o tempo todo. A tecnologia, mais simples e acessível a cada dia nos possibilita mais velocidade nas relações, na troca de informações; o que também significa mais liberdade e possibilidade de escolha daquilo que nos interessa.

Parece clichê, mas tudo está, realmente, a um clique. Se você precisa comprar algo, tem um legítimo cardápio online, com opções como:

- Amazon;
- Shein;
- Shopee;
- Submarino;
- Mercado Livre;
- e tantos outros

E esses canais já trazem, inclusive, um comparativo de preços e prazo de entrega, ou seja, tudo o que você precisa saber sobre o produto a um clique. Antes, teríamos que fazer chamadas telefônicas para cada uma das possíveis lojas, pedir todos os detalhes e informações, anotar manualmente, comparar e só depois entrar em contato novamente para efetuar a compra.

Essa praticidade no acesso a informações e pontos de compra exige um vendedor muito mais preparado. Imagine a situação de alguém que está trocando de carro. Quando vai conversar com o vendedor, essa pessoa, no mínimo, já viu vídeos de influenciadores que testaram e trocaram impressões sobre aquele carro e possivelmente já conheceu características e detalhes sobre o funcionamento do modelo em que está interessada. Ou seja, o vendedor precisa ir além do básico.

> # Portanto, é preciso aumentar o seu repertório a partir das mudanças e das exigências que o mercado contemporâneo nos impõe.

## PRECISAMOS CONVERSAR SOBRE IA

Veja, por exemplo, o que acontece com a inteligência artificial (IA). Ela é uma realidade, está aí e irá, sim, interferir em tudo! Qualquer profissional que não entender e não souber usar a IA em seu trabalho será engolido pelo mercado.

Observo com curiosidade que, enquanto muitas pessoas estão se desesperando com a possível extinção de muitos empregos, outras mostram como a IA pode ser uma ferramenta a mais a ser usada em prol de si e do seu negócio e estão vislumbrando outras possibilidades de impulsionar a sua jornada. O que precisa ser feito é buscar a aplicação da IA para o seu contexto específico, entendendo como ela ajuda você a ampliar resultados e, literalmente, ampliar a sua inteligência.

No caso das vendas, entendo que a inteligência artificial otimiza, e muito, o tempo do vendedor contemporâneo. Só vai ser substituído quem não aprender a trabalhar com ela, incorporando a ferramenta às suas competências. Essas ferramentas ajudam o vendedor de excelência, ao invés de substituí-lo.

Quer ver um exemplo? Os aplicativos que gravam, transcrevem e até mesmo resumem suas reuniões (*tl;dv*, por exemplo). Você pode fazer a reunião com o cliente, extrair os principais tópicos abordados, complementar com detalhes adicionais e com a essência do seu negócio (por meio de um agente personalizado no *ChatGPT 4o*) e repassar a outra pessoa da equipe para que ela formate a proposta customizada dentro do que foi abordado na reunião (utilizando o *Gamma*). Isso tudo enquanto já está fazendo outra reunião. É tempo que você economiza para focar no estratégico.

QUADRO 62 - E LEMBRE-SE!

---

# E lembre-se!

Limitamo-nos ao ChatGPT como IA, as esse conceito é muito mais amplo, alcança vários segmentos e atua de diversas formas. São inúmeras as ferramentas disponíveis.

A IA precisa ser incorporada no seu dia a dia como o WhatsApp foi. Afinal, hoje, todo mundo usa esse aplicativo de mensagem para se comunicar com familiares, clientes e prestadores de serviços.

Porém, aqui temos um detalhe muito importante! Todo mundo usa o WhatsApp para se comunicar, mas poucos sabem usar todos os recursos desse aplicativo! Em termos de vendas, por exemplo, a versão WhatsApp Business possibilita uma integração entre esse aplicativo e o seu CRM, diminuindo o tempo, aprimorando o processo e aumentando sua entrega de valor.

Portanto, em se tratando de qualquer ferramenta, o que também vale para a aplicação de IA. Não basta utilizar. Prepare-se para extrair o melhor delas!

---

FONTE: O AUTOR

Assim, você faz da IA uma aliada, inclusive para poder se dedicar ao famoso ócio criativo. Esse é um conceito que se tornou famoso no livro[26] do sociólogo italiano Domenico De Masi.

Na obra, ele defende que os momentos de aparente inatividade, na realidade, geram um estado mental aberto à exploração de ideias e conexões não convencionais. Além da ampliação da criatividade. Para De Masi, o espaço para o ócio gera produtividade sem prejuízo à saúde mental, inclusive pelo equilíbrio entre vida pessoal e profissional.

O autor italiano acreditava que o homem não nasceu para ser operacional e, por isso, via na IA uma das maiores potencialidades da história em realizar a vocação humana de criar.[27] Pode até parecer um tanto aleatório falar sobre isso, mas não podemos falar de alta performance em vendas se houver um profissional sem criatividade e carente de saúde mental.

Algumas dicas que separei vão ajudar esse exercício do ócio criativo.

- Desconexão digital: reserve um tempo do seu dia para estar consigo mesmo, sem internet, celulares, computadores e tantas outras telas;

- Quebre padrões: faça passeios não programados, caminhe pela redondeza do trabalho sem destino, mude a direção, percorra novos caminhos. Permita-se, até mesmo, viajar sem destino;

- Abasteça seu repertório: lembra que falamos sobre a importância de ampliar seu repertório? Pois é! Isso precisa ser construído! Leitura é um dos melhores caminhos para tal. E me refiro não apenas aos livros

---

[26] DE MASI, Domenico. **O ócio criativo**. Rio de Janeiro: Sextante, 2004.

[27] DE MASI, Domenico. Tecnologia, ócio e desafios do mercado de trabalho. **UCS Play**, [s. l.], 1 maio 2018. Disponível em: https://ucsplay.ucs.br/video/tecnologia-ocio-e-desafios--do-mercado-de-trabalho/. Acesso em: 21 jun. 2024.

técnicos. Explore o mundo dos romances, dos poemas e até mesmo das histórias em quadrinhos;

- <u>Abra-se ao lúdico:</u> por falar nisso, as brincadeiras de criança são outra forma incrível de potencializar a criatividade. Os jogos de tabuleiro e quebra-cabeças, por exemplo, são ótimas ferramentas.

Quantos insights num único capítulo, não é mesmo? E o melhor é que eu não trouxe nada complexo ou impossível de implementar para que você trilhe o caminho dos vendedores de excelência.

Olhe para as habilidades e elementos que indico, aplicando uma coisa de cada vez, um pouco por dia. Assim, tudo vai se tornar natural e parte da sua rotina. Eu tenho certeza absoluta de que seus resultados vão atingir outro nível.

Como eu sei disso? Tudo que está neste capítulo fez de mim e de outros vendedores dos meus times profissionais se destacarem e hoje são requisitados pelo mercado.

Aliás, para quem procura entender o mercado e os excelentes resultados que pode ter com as estratégias de inteligência comercial, o próximo capítulo é um prato cheio. Serão videocasts com convidados compartilhando cases de sucesso com aplicação das estratégias que trouxe durante o livro. Está imperdível!

# CAPÍTULO 6
# Boas práticas e histórias de sucesso

Chegou a hora de conferir o que a inteligência que vende tem feito, de verdade, por profissionais e empresas. Para além de mostrar o caminho das estratégias comerciais inteligentes e eficientes, eu queria escrever um livro inspirador e inovador. Estão aí os focos deste capítulo.

Nele você vai se inspirar porque terá contato com histórias e opiniões reais, de quem vivencia a área comercial no dia a dia e descobriu que a inteligência comercial é, de fato, para o crescimento exponencial. E tudo isso a partir de uma proposta inovadora, que torna esta obra tão fora da caixa quanto o conceito que ela propõe.

São videocasts em que eu converso com um grupo de convidados para lá de especial. Só tem gente fera contando cases de sucesso e trocando ideias comigo em entrevistas ao mesmo tempo profundas e leves sobre temas cruciais para quem busca acertar o caminho das vendas.

Confira quem conversou comigo e quais foram os temas da série especial de entrevistas, especialmente pensadas como conteúdo exclusivo para os leitores deste livro. Os QR Codes que você vai encontrar em seguida dão acesso às entrevistas completas. Dê o play e divirta-se!

# Ayrton Carvalho

De R$ 50 a R$ 50 milhões: como vender e crescer com responsabilidade e sustentabilidade no segmento de franquias

Ninguém melhor para falar da aplicação de inteligência comercial no segmento de *franchising* do que o atual gerente de franquia e marketing da Loucos por Coxinha. Ayrton, na verdade, vai bem além desse cargo. Ele se tornou a força motriz que impulsionou a marca, viabilizando o sucesso exponencial já anunciado no título do podcast.

Formado como técnico em Gestão de Bares e Restaurantes pelo SENAC, com especializações no Grupo GS&Friedman, Ayrton conta, no bate-papo que tivemos, como ele transformou a paixão pela gastronomia e empreendedorismo em uma carreira dedicada a criar conexões significativas e impulsionar negócios.

Com um profundo conhecimento do mercado, resultado de uma década dedicada ao desenvolvimento de franquias, ele apostou em estratégia e inovação como fatores-chave e lidera a marca com paixão e propósito, conduzindo como ninguém os ousados planos de expansão da Loucos por Coxinha pelo Brasil. E assim também é o percurso como consultor do SEBRAE nacional, que permitiu a Ayrton orientar e inspirar 68 empresas no alcance de novos patamares.

INTELIGÊNCIA QUE VENDE: A ROTA DAS ESTRATÉGIAS COMERCIAIS EXPONENCIAIS

## Para conferir a entrevista completa:
acesse o QR Code aqui abaixo

Para saber mais sobre Ayrton Carvalho:

LinkedIn: ayrtoncarvalho

Instagram: @ayrtoncarvalho

# carlos mororó

O poder das conexões na vida e nos negócios

Dominar a arte da conexão com as pessoas é um dos princípios das vendas inteligentes. É o que vamos conferir, na prática, conversando com o CEO do Grupo Camarmo, com serviços especializados no segmento de recrutamento e carreira de executivos em todo o Brasil. Um trabalho que Carlos Mororó conduz agregando a ampla experiência acumulada como *head* de RH em empresas nacionais de grande porte.

Mororó é graduado em Ciências Contábeis e tem pós-graduação nas áreas de Administração, Recursos Humanos e Psicologia Organizacional. Possui formação em coaching executivo pelo IBC e em Mentoria Estratégia de Executivos.

Além de executivo no Grupo Camarmo, é diretor vogal do Instituto Brasileiro de Executivos de Finanças do Ceará e fundador do Sênior Club de Empresários e Executivos C-Level cearense.

## Para conferir a entrevista completa:
acesse o QR Code aqui abaixo

Para saber mais sobre Carlos Mororó:

LinkedIn: carlosmororo

Instagram: @carlosmororo

# Cézio Júnior

## A arte da venda B2C

O papo que tive com Cézio Júnior demonstra claramente que a metodologia de inteligência comercial é aplicável a diferentes cenários, com grandes resultados. Ele é sócio do Programa Educador Executivo e fundador da Ekoar Palestras, que oferece ao mercado uma qualificada carteira de palestrantes.

Com mais de 30 anos de experiência, Cézio atua como estrategista em vendas e educação corporativa, desenvolvendo palestras e treinamentos *in company*. Os excelentes resultados que atinge têm a ver não apenas com a reconhecida expertise no segmento *business to consumer* – tema do nosso videocast –, mas também está associada à habilidade de liderar equipes comerciais de alto desempenho.

Césio Júnior possui e desenvolve pessoas para abordagens de venda inovadoras e focadas, orientadas aos clientes. Sua paixão por compartilhar conhecimento faz dele um mentor dedicado e comprometido com o desenvolvimento de profissionais e líderes no mercado corporativo. É uma história e uma visão que você precisa conhecer!

INTELIGÊNCIA QUE VENDE: A ROTA DAS ESTRATÉGIAS COMERCIAIS EXPONENCIAIS

## Para conferir a entrevista completa:
acesse o QR Code aqui abaixo

Para saber mais sobre Cézio Júnior:

LinkedIn: linkedin.com/in/c%C3%A9zioj%C3%BAnior

Instagram: @cezio_junior

ANDRÉ RIBEIRO

# Hugo Macedo

Da pré-venda à
tração comercial

Essa é uma conversa especialmente pensada para que você tenha percepção de que a inteligência precisa estar presente em cada detalhe e fase do processo comercial. E, para isso, entrevistei um grande especialista nesse processo.

Formado em Administração de Empresas pela Universidade Potiguar, Hugo Macedo construiu uma carreira focada em negócios e vendas, especialmente no segmento de tecnologia. Tudo começou na ESIG Software e Consultoria em TI, onde foi técnico em negócios por quase três anos, trabalhando como *sales development representative* (SDR), na prospecção e qualificação de leads para o setor comercial. Depois, foi promovido a consultor de negócios (*closer*), assumindo negociações mais complexas e fechando contratos importantes.

Em 2021, passou a ser *head* de vendas na Quark Tecnologia, assumindo o desafio de liderar equipes e colaborando significativamente para o crescimento da empresa. Atualmente, é gestor de negócios, também na Quark Tecnologia e segue uma atuação com foco em liderar o time comercial e impulsionar a empresa, sempre apoiado no olhar inovador e comprometido com resultados.

Hugo Macedo traz à nossa série de videocasts não apenas os mais de sete anos de experiência no mercado, mas também a visão estratégica sólida e uma grande paixão por liderança e desenvolvimento de negócios que desenvolveu durante a carreira.

**Para conferir a entrevista completa:**
acesse o QR Code aqui abaixo

Para saber mais sobre Hugo Macedo:

LinkedIn: linkedin.com/in/hugo-macedo-404746131

Instagram: @hugo.macedus

## Leonardo Queiroz

Afiliados como canal de vendas

Como você já conferiu durante a leitura deste livro, a diversificação de canais de vendas faz parte do caminho comercial inteligente. E os afiliados, como também vimos por aqui, não podem ficar de fora. Em nosso papo, eu e Leonardo Queiroz exploramos as vantagens desse canal e falamos sobre como implementá-lo.

Leo Queiroz, como também é conhecido, é líder global em inovação e transformação, com vasta experiência em empresas multinacionais, entre elas GVT, TIM, Apple e Cogna Educação.

Ao longo de sua trajetória, desenvolveu visão ampla sobre negócios, tendo por base uma profunda compreensão das dinâmicas de mercados emergentes. Sua formação acadêmica inclui passagens por instituições renomadas, como Harvard, INSEAD, Wharton e Griffith University, onde aprimorou suas habilidades em estratégia, inovação e liderança.

É um entusiasta da transformação digital e acredita que a inovação contínua é essencial para o sucesso a longo prazo das organizações. Com ampla experiência na liderança de equipes multiculturais e na implementação de projetos de transformação, Leonardo entrega resultados excepcionais em ambientes complexos e dinâmicos.

**Para conferir a entrevista completa:**
acesse o QR Code aqui abaixo

Para saber mais sobre Leonardo Queiroz:

LinkedIn:
leonardo-queiroz09

## Matheus Mascena

As comunidades e o associativismo como fontes de crescimento pessoal e profissional

Essa é mais uma entrevista que destaca a importância que o olhar para as pessoas e investir em networking qualificado tem, quando o assunto é vender com inteligência. Algo que tem tudo a ver com associativismo e outros ambientes, como as comunidades focadas em geração de negócios.

Meu convidado para conversar sobre o assunto é Matheus Mascena, fundador de duas startups na área de *digital commerce* e C-level nas agências Método e FIGI, especializadas em r-commerce e transformação digital. Falamos de nada mais nada menos do que as principais parceiras TOTVS Nacional, premiadas, por três anos consecutivos, pelo Quadrante Vtex como Top 20 Latam.

Matheus também é consultor em expansão no varejo e um grande especialista em marketing estratégico B2C e B2B, tendo em vista uma consolidada experiência nesses segmentos. Foi presidente da Associação dos Franqueadores do Rio Grande do Norte (UFRN), coordenador estadual da CNDL Jovem do Rio Grande do Norte, líder do projeto nacional Inova Varejo e conselheiro do LIDE Futuro RN.

Do currículo, constam, ainda, as formações como *practitioner* em PNL e coach pela Sociedade Brasileira de Programação Neurolinguística (SBPNL), além de ser administrador pela PUC-MG, especialista em gestão de franquias pela Cherto Franchise University e especialista em gestão de organizações complexas pela Amana-key.

**Para conferir a entrevista completa:**
acesse o QR Code aqui abaixo

Para saber mais sobre Matheus Mascena:

LinkedIn: matheusmascena

Instagram: @matheusmascena

ANDRÉ RIBEIRO

# Rafael Rocha

Como alavancar a carreira e empreender na representação comercial

Já que um dos capítulos desse livro fala especificamente sobre o vendedor e as habilidades exigidas desse profissional diante das novas realidades do mercado, fez todo o sentido agregar o tema da representação comercial a essa série especial de videocasts. Meu entrevistado é Rafael Rocha, uma autoridade em estratégias comerciais e de representação.

Formado em Pedagogia e Administração de Empresas, com MBA em Marketing, Rafael acumula uma experiência no comércio varejista que já supera os 12 anos. Trabalhou em marcas como Zoomp, Triton, Colcci, Redley, Aramis, além de outras redes multimarcas.

No setor de atacado e indústria, trabalhou com bens de consumo. Foi gerente de *trade* marketing na Ambev e no setor de moda do Grupo MPL, atuante no segmento de moda e confecção e reconhecido no ranking da Great Place to Work.

Para além da experiência curricular, Rafael Rocha é um empreendedor nato, um ser humano com mente exploradora, que acredita no poder de "crer para ver" e na filosofia de "dividir para multiplicar". Um caminho que fez dele o fundador de empresas como a BR BRAND, de representação comercial no setor de moda, a BRAND US, da área de tecnologia, e a BRAND LOG EXPERT, focada em logística.

**Para conferir a entrevista completa:** acesse o QR Code aqui abaixo

Para saber mais sobre Rafael Rocha:

LinkedIn: rafaelquimera

Instagram: @rafaelquimera

## CONSIDERAÇÕES FINAIS

# Faça o melhor pela sua carreira e para o seu negócio

Antes de mais nada, quero celebrar com você. Ver você chegando até a reta final da nossa jornada é uma prova de um compromisso com o próprio negócio, a carreira e a vida que muita gente simplesmente não assume.

Posso afirmar sem medo de errar que o você de agora não é o mesmo você que iniciou a leitura deste livro! Talvez nem mesmo você tenha percebido, mas, com certeza, cresceu, aumentou a consciência e ampliou a visão, subindo mais um degrau rumo à mentalidade assertiva.

Isso ninguém vai tirar de você! E tudo começa por você estar se permitindo ser um profissional melhor, mais gabaritado, diferenciado no mercado, moderno, arrojado, conhecedor da importância da organização, da gestão de recursos, processos e pessoas.

Destaco isso porque o caminho para que as empresas e seus departamentos comerciais deixem, definitivamente, de ser "camarões que a onda leva" começa pelas pessoas. Os times comerciais são a alma que dá vida ao método que sistematizei nesta obra.

Quando cada pessoa está comprometida, o passo a passo que você dominou aqui vai, sem dúvida, trazer resultados exponenciais. E você teve provas disso com os cases de sucesso apresentados nos videocasts, em conversas que foram muito especiais para mim. É muito bom ver na prática a metodologia sendo aplicada.

> **Não tenha medo de sonhar com empresas que valorizam as pessoas, sejam colaboradores, clientes ou parceiros. Ouse ser, pensar, agir diferente; com estratégia, planejamento e metas. Sonhe grande e vá realizando, passo a passo, etapa a etapa, cada ação necessária para alcançar esse sonho. Você pode!**

# → Mas não posso deixar de alertar!

De minha parte, não há dúvida sobre ter entregado o meu melhor. Este livro é uma realização da minha paixão pelas vendas e um grande legado sobre tudo que minha trajetória na área comercial pode fazer por outros profissionais e negócios, assim como vem permitindo que a minha empresa cresça e fature cada vez mais.

Só que há um porém. O mesmo comprometimento que teve para concluir essa leitura, você precisa ter para fazer a inteligência comercial ser uma realidade. O que você viu por aqui não é a famosa e procurada pílula mágica que tudo resolve. Trata-se de um caminho que precisa ser percorrido com disciplina, empenho e olhar atento. Foque em cada passo, faça o que deve, analise, aprimore, colha os melhores resultados e siga adiante. Assim, cada etapa estará sedimentada para que o próximo estágio e os melhores resultados sejam consequências naturais.

Vivemos tempos de altíssima competitividade no mundo corporativo. As novidades são intensas e exigem postura proativa. Mas quem não estiver "dormindo na onda" está diante de um oceano de oportunidades.

Portanto, mova-se! Transforme este livro num guia de consulta e vamos espalhar a visão da inteligência comercial com cada vez mais empresas vendendo mais e melhor, de forma assertiva e eficiente. Eu sou seu parceiro e conto com você nessa missão de construir departamentos comerciais inteligentes.

# para lembrar sempre

Aprendizado **sem Execução** é Inspiração.

Execução **sem Aprendizado** é Sacrifício.

O **Equilíbrio** é o caminho para a Excelência.

# Referências

7 RAZÕES que levam a fechar a empresa antes de dois anos. **Opportunity maker**, [s. l.], 2024. Disponível em: https://opportunitymaker.com.br/7-razoes-fechar-empresa/. Acesso em: 21 fev. 2024.

50+ INCREDIBLE Big Data Statistics for 2025: Facts, Market Size & Industry Growth. **Big Data Analytics News**, [s. l.], 1 jan. 2024. Disponível em: https://bigdataanalyticsnews.com/big-data-statistics/#google_vignette. Acesso em: 12 jan. 2025.

AGUIAR, Sofia. Pandemia faz 87,5% das empresas no Brasil acelerarem projetos de transformação digital. **Forbes**, [s. l.], 18 nov. 2020. Disponível em: https://forbes.com.br/forbes-tech/2020/11/pandemia-faz-875-das-empresas-no-brasil-aceleraram-projetos-de-transformacao-digital/. Acesso em: 12 jan. 2025.

BERTALANFFY, Ludwig Von. **Teoria geral dos sistemas**: fundamentos, desenvolvimento e aplicações. 3. ed. Petrópolis: Vozes, 2008.

DE MASI, Domenico. **O ócio criativo**. Rio de Janeiro: Sextante, 2004.

DE MASI, Domenico. Tecnologia, ócio e desafios do mercado de trabalho. **UCS Play**, [s. l.], 1 maio 2018. Disponível em: https://ucsplay.ucs.br/video/tecnologia-ocio-e-desafios-do-mercado--de-trabalho/. Acesso em: 21 jun. 2024.

FAYOL, Henri. **Administração Industrial e Geral**. 10. ed. São Paulo: Atlas, 1990.

FERREIRA. Aurélio Buarque de Holanda. **Mini Aurélio**: o dicionário da Língua Portuguesa. Curitiba: Positivo, 2010.

GESTÃO participativa: o que é, como aplicar e benefícios. **Rock Content**, [s. l.], 2024. Disponível em: https://rockcontent.com/br/blog/gestao-participativa/. Acesso em: 23 mar. 2024.

HAN, Paulo. O administrador do século XXI: a sustentabilidade e as teorias de administração. **Administradores**, [s. l.], 1 out. 2019. Disponível em: https://administradores.com.br/artigos/o-administrador-do-seculo-xxi-a-sustentabilidade-e-as-teorias-de-administracao. Acesso em: 12 jan. 2025.

INTELIGÊNCIA comercial: o que é, funções e benefícios. **TOTVS**, [s. l.], 18 jul. 2022 Disponível em: https://www.totvs.com/blog/gestao-de-vendas/inteligencia-comercial/#:~:text=A%20inteligência%20comercial%20é%20um,básicos%2C%20como%20análise%20de%20concorrência. Acesso em: 6 fev. 2024.

PANDEMIA acelerou o processo da transformação digital das empresas no Brasil, revela pesquisa. **FGV**, [s. l.], 26 maio 2022. Disponível em: https://portal.fgv.br/noticias/pandemia-acelerou-processo-transformacao-digital-empresas-brasil-revela-pesquisa. Acesso em: 12 jan. 2025.

PATEL, Neil. Fastest Way to Lose Customers. **NeilPatel**, [s. l.], 2024. Disponível em: https://neilpatel.com/blog/retaining-customers/. Acesso em: 12 jan. 2025.

PETER Drucker: quem é, teoria na administração, livros e frases. **FIA Business School**, [s. l.], 3 set. 2020. Disponível em https://fia.com.br/blog/peter-drucker/#:~:text=Para%20Drucker%2C%20a%20principal%20finalidade,miss%C3%A3o%20entregar%20valor%20%C3%A0%20sociedade. Acesso em: 12 jan. 2025.

PLASTICIDADE. *In*: DICIO: Dicionário Online de Português, [s. l.], 2009-2024. Disponível em: https://www.dicio.com.br/plasticidade/#:~:text=Significado%20de%20Plasticidade,de%20ser%20moldado%20ou%20modelado. Acesso em: 12 jan. 2025.

PRÉ-SAL Bacia de Santos. **PETROBRAS – Comunica Bacia de Santos**, [*s. l.*], 2022. Disponível em: https://comunicabaciade-santos.petrobras.com.br/pre-sal-bacia-de-santos. Acesso em: 14 jun. 2024.

RACKHAM, Neil. **SPIN Selling**. New York: McGraw-Hill Education, 1988.

REICHHELD, Fred. Prescription for cutting costs. **Bain & Company**, [*s. l.*], 25 out. 2001. Disponível em: https://media.bain.com/Images/BB_Prescription_cutting_costs.pdf. Acesso em: 12 jan. 2025.

RIOS, Sarah. Inteligência comercial: como usá-la na sua estratégia de vendas. **Meetime**, [*s. l.*], 19 dez. 2023. Disponível em: https://meetime.com.br/blog/vendas/inteligencia-comercial-2/. Acesso em: 6 fev. 2024.

TAYLOR, Frederick Winslow. **Princípios de Administração Científica**. São Paulo: Atlas, 2009.

WEINBERG, Gabriel; MARES, Justin. **Tração**: domine os 19 canais que uma startup usa para atingir aumento exponencial em sua base de clientes. 1. ed. Rio de Janeiro: Alta Books, 2020.